KB153250

인문학 독자를 위한 **금강경**

인문학 독자를 위한 **금강경**

김성옥 지음

불광출판사

들어가며

주변에서 불교를 공부하고 싶은데 무엇부터 읽어 보면 좋겠느냐는 질문을 종종 받습니다. 그 많은 불교 경전을 모두 볼 수 없으니 차례를 정해달라고 하고, 아주 쉽게 설명된 딱 한 권의 책은 없느냐고 묻기도 합니다. 아함경이나 니까야 같은 초기 경전에서 시작하는 것이 좋겠다고 대답합니다만, 그다음에는 팔만사천이나 된다는 그 많은 경전 가운데 무엇을 보아야 한다고 말해야 할지 조금 난감해집니다. 큰 결심으로 경전 읽기에 나선다 해도, 그 의미를 이해하는 것은 모래 언덕에서 바늘 찾기와 같으리라는 것을 잘 알고 있기 때문입니다. 저의 심정이 꼭 그러했으니까요.

저는 마흔을 바라보며 '더 늦어서는 안 되겠다'는 생각으로 불교 공부를 시작했습니다. 당시 제가 경전을 읽으면서 처음 부딪힌 난관은 불교의 낯선 용어들이었습니다. 불교 용어는 대부분 한자어인 데다가, 아는 글자라도 그 뜻을 짐작하기가 어렵습니다. 대부분 산스크리트어를 한자로 옮긴 것이어서, 한문을 읽는 기존의 방식으로는 뜻이 통하지 않는 것이 많습니다. 그러니 어렵게 느껴지는 것은 오히려 당연합니다. 하지만 하나둘 그 원뜻과 맥락을 알아 가다 보면, 경전 읽기가 훨씬 수월해질 것입니다. 만약 지금 『금강경』을 읽고 싶은 마음을 일으켰다면, 낯선 용어들에 겁먹지 않기를 바랍니다. 아는 만큼 보이는 것도 늘어나게 됩니다.

그다음 해야 할 일은 생략된 말들을 찾아내는 일입니다. 불교 경전은 그 점에서 조금 불친절하다고 할 수 있습니다. 생략된 말을 유추하여 괄호 안에 넣기를 잘해야 하니까요. 요즘도 젊은 층이 사용하는 낯선 신조어나 축약어를 알아들을 수 없어 당황하는 일이 있지 않습니까? 친절한 젊은이를 만나 설명을 듣고 나면, "그런 뜻이었어?" 하고 쉽게 고개를 끄덕이게 됩니다. 마찬가지로 경전을 읽을 때도 생략된 말들을 짐작하며 읽는 일이 필요합니다. 생략된 말들은 경전이 기록되던 당시에는 모두가 짐작할 수 있는 구절이었기 때문에 생략된 것입니다. 하지만 생략이 일어난 문장은 오늘날 우리가 보기에는 알기 어려운 암호문처럼 느껴질 수밖에 없습니다. 생략에서 살아남아 지금까지 전해진 말들, 그 말과 말 사이에 괄호 넣기를 잘해야 경전의 의미가 드러납니다. 물론 자의적인 해석이 되지 않도록 항상 조심해야 하겠지만 말입니다.

일상에서 쉽게 이해할 수 있는 불교 경전 입문서인 '인문학 독자를 위한 불교 경전' 시리즈를 발간한다는 소식을 듣고 무척 반가웠습니다. 그 취지에 너무 공감한 나머지 출판사의 제안을 선뜻 수락했습니다만, 작업에 착수하자마자 쉽지 않은 일이라는 것을 금방 알 수 있었습니다. 경전의 해석은 단순한 개념이나 용어 풀이, 문자나 자구의 해석에 달려 있지 않다는 것을 절실히 실감해야 했습니다. 그런데도 좀처럼 손에서 내려놓을 수가 없었습니다. 수없이 저 자신의 부족한 능력을 탓하면서도, 누군가 애써 마음먹은 불교 공부가 낯선 개념과 용어들에 가로막히는 일은 없었으면 하는 바람으로 용기를 내어 책상 앞에 다시 앉곤 했습니다. 늦깎이 불교학도가 빚었던 오해의 기억들도 함께 담았습니다. 야트막한 견해를 세상에 내놓으려니 부끄러운 마음이 앞섭니다. 독자 여러분의 너그러운 헤아림을 구합니다.

김성옥

차 례

1

『금강경』을
우리는
왜 알아야 할까

'금강'과도 같은 지혜

누구나 한 번쯤은『금강경』의 이름을 들어 보셨을 것입니다. 대표적인 대승 경전 가운데 하나입니다. 어느 사찰이나 법당 마루 한쪽에는『금강경』이 놓여 있고, 49재나 천도재에서 자주 독송됩니다.『금강경』이 있는 곳에 부처님이 계시는 것과 같고, 경전을 수지 독송하는 일에 큰 공덕(功德)이 있다고 믿기도 합니다.

많은 사람이『금강경』을 알고 싶어 합니다. 그런데 다들 어렵다고 하네요. 알 듯 모를 듯, 그 뜻을 알다가도 모르겠다고 합니다. 그런 구절이 처음부터 끝까지 수도 없이 반복되니, 마음이 불편해지기도 합니다. 하지만 그럴수록 알고 싶어지네요.『금강경』이 지닌 이상한 매력입니다.

자, 그러면『금강경』의 이름부터 이야기해 볼까요? 이 경전의 본래 이름은『금강반야바라밀경(金剛般若波羅密經)』, 인도에서 만들어진『바즈라 체디까 쁘라즈냐 빠라미따 수뜨라(Vajra-cchedikā-prajñā-pāramitā-sūtra)』를 번역한 것입니다. 이름에 담긴 의미 하나하나를 살펴보도록 하겠습니다.

'금강'은 우리가 잘 알고 있는 다이아몬드를 뜻합니다. 세상에서 가장 단단한 것이라고 하지요. 무엇이든 자를 수 있다고 합니다. 귀하고 값비싼 것을 의미하기도 하겠네요. 보석 중에서 가장 많은 사랑을 받고 있습니다. '금강'의 또 다른 의미는 금강저(金剛杵)를 뜻합니다. 인도의 신 인드라가 지니는 무기인 '바즈라(vajra)'에서 유래합니다. 그가 지닌 바즈라는 세상의 악한 존재를 물리칠 수 있는 가장 강력한 무기가 됩니다. 대개 벼락을 치는 모습으로 그려지는 인드라는 불교에서 부처님과 불법(佛法)을 수호하는 제석천으로 등장합니다.

어느 쪽 의미로 보든, 금강은 세상의 무엇이든 잘라내고 이겨 낼 수 있는 강력함을 상징합니다. 아마도 중생의 번뇌와 어리석음을 깨트리려면, 무엇보다 단단하고 세상에서 가장 강력한 것이 필요하지 않을까요? '능히 자를 수 있다'는 의미를 살려 현장(玄奘, 602~664) 스님은 『능단금강반야바라밀다경』으로 번역하고 있습니다. 산스크리트어 제목에 보이는 '체디까'의 번역을 빠트리지 않은 것입니다. 『금강반야바라밀경』으로 번역한 사람은 서역에서 온 승려 구마라집(鳩摩羅什, Kumārajīva, 344~413)이었습니다.

'반야'는 지혜를 뜻합니다. 산스크리트어 '쁘라즈냐(prajñā)'를 소리 나는 대로 옮겨 놓은 것입니다. 지혜란 경험과 사유를 통한 통찰이 담겨 있다는 점에서, 단순히 어떤 것을 알게 되는 지식과 구분됩니다. 또한 마음의 내부를 들여다보고, 모든 분별이 사라진 세계의 모습을 안다는 점에서 일상적 차원의 지혜와 다른 측면이 있습니다. 세속적 지혜와 구분 짓기 위해서인지 한역자는 지혜로 번역하기보다는, 반야를 그대로 남겨 두는 쪽을 택했습니다. 지혜라는 말로는 반야의 의미를 모두 다 담아낼 수 없다고 생각한 것이지요.

중생의 번뇌 가운데에는 지혜를 통해 바르게 아는 것으로 끊어지는 것도 있지만, 감정적인 번뇌의 경우는 대체로 수도 없이 반복적으로 끊어 내야 합니다. 사라져도 언제든 다시 생겨나서 우리를 옭아맬 테니까요. 보다 근원적이고 강력한 지혜가 필요할 수밖에 없겠습니다.

'바라밀' 역시 산스크리트어 '빠라미따(pāramitā)'의 음사입니다. 소리 나는 대로 '바라밀다(波羅密多)'로 번역하기도 합니다. 그 의미로는 대략 두 가지가 있습니다. 첫 번째는 '완성하다'라는 의미입니다. 그렇다면, '반야바라밀'은 '지혜의 완성' 혹은 '지혜를 통한 완성'으로 해석할 수 있습니다. 두 번째는 '저쪽으로 건너가다'라는 의미입니다. 따라서 '도피안(到彼岸)'으로 번역하기도 합니다. 우리가 살아가는 이쪽 언덕을 고통과 괴로움의 세계라고 한다면, 건너가고자 하는 저쪽 언덕은 생사의 괴로움이 없는 세계가 아닐런지요. 차안(此岸)에서 피안(彼岸)으로 건너가는 지혜가 『금강경』에 담겨 있다는 뜻입니다.

'경'이 경전을 뜻한다는 것은 따로 설명 드릴 필요가 없겠습니다. 산스크리트어 '수뜨라(sūtra)'의 번역입니다. 나무껍질을 말려서 만든 패엽경(貝葉經)을 한데 모아 경전을 만들 때, '실'이나 '줄'이 필요하잖아요. 바로 그 '실'이나 '줄'을 가리키는 용어였다고 합니다. 중국에서 사용되었던 죽간이나 종이로 만든 서적도 실로 꿰어져 있는 것을 보면, 인간의 사고방식은 서로 닮아 있기 마련인가 봅니다.

그럼, 이제『금강경』의 산스크리트어 이름『바즈라 체디까 쁘라즈냐 빠라미따 수뜨라』를 여러분도 이해하실 수 있겠네요. '금강처럼 자를 수 있는 지혜로 피안으로 건너가는 경전'이라는 뜻입니다. 서양에서는 간단히『다이아몬드 수뜨라(Diamond Sūtra)』라는 이름으로 알려져 있고, 영어는 물론 불어·독어 등 세계 각국의 언어로 번역되어 널리 읽히고 있습니다.

우리나라에서는 조선 초 무학 대사의 제자였던 함허 득통(涵虛得通)이『금강경오가해』를 간행하면서 한글 언해본을 실었습니다. 1457년 세조도 여러 신하들과 함께 한글로 토를 달아『금강경언해』를 펴낸 바 있습니다. 지금까지 백여 종이 넘는 한글본『금강경』이 간행되었고, 그 번역서와 해설서 역시 수백 종에 이릅니다.

『금강경』의 한역은 주로 중국으로 건너온 서역승들에 의해 이루어졌습니다. 구마라집·보리류지·달마급다·진제 스님이 그들입니다. 당나라 승려였던 현장·의정 스님의 번역까지 합치면 모두 여섯 종류가 전해지고 있습니다. 인도 논사와 중국 고승에 의해 저술된 주석서 역시 수백 종이 넘습니다. 원효 스님의 주석『금강반야경소』도 그

중 하나입니다다만, 현재 남아 있지 않습니다.

한역본 가운데 가장 많이 읽히는 것은 구마라집의 『금강반야바라밀경』입니다. 구마라집은 현재의 신장 지역에 있었던 구자국(龜玆國) 출신의 승려로, 12년의 억류 생활을 거친 후 장안의 번역장에 설 수 있었습니다. 그 고난의 시절은 구마라집의 경전 번역에 중요한 밑거름이 됩니다. 한자와 중국어에 통달하게 된 것이지요. 그가 번역한 경전과 논서는 그 뜻이 모두 원만하고 잘 통하였다고 합니다.

반면에 중국 승려였던 현장은 낙양의 정토사에서 이른 나이에 출가하고, 불교에 대해 풀리지 않는 의문을 해결하기 위해, 또 인도의 경전을 직접 눈으로 보고 싶은 강한 열망으로 627년 남몰래 국경을 넘습니다. 사막의 모래바람을 맞고, 눈 덮인 산맥을 넘어야 하는 고된 여정이었습니다. 인도에 도착한 그는 17년 동안 뜻한 바대로 불교를 공부할 수 있었고, 귀국 후에는 가지고 온 경전의 번역에 전념했습니다.

서로 다른 일생을 살았던 만큼, 두 스님은 『금강경』의 번역에도 상당한 차이를 보여 줍니다. 구마라집은 불

필요한 반복을 과감하게 생략하고 유려한 문체로 번역했습니다. 중국인이 이해하기 쉽도록 의역을 한 것입니다. 반면에 현장의 번역은 원본에 가장 가깝게 한 자도 빠트리지 않고 충실하게 직역을 했다고 평가됩니다. 그런데 현장의 번역은 아무래도 읽고 독송하기에는 까다로운 번역 투였던 모양입니다. 그 결과 구마라집의 한역이 보다 많이 유통되어 오늘에 이르고 있습니다.

산스크리트어『금강경』의 고대 사본은 불행히도 온전하게 남아 있지 않습니다. 중간중간 산실되어 있지요. 전반적인 내용은 일치하지만 서로 다른 이본(異本)들이 있었을 가능성이 충분합니다. 원본 자체의 성립도 한 시기 한 장소에서 이루어졌다고 보기는 어렵고, 최초의 원형을 찾는 일은 거의 불가능에 가깝습니다. 1957년에 에드워드 콘즈(E. Conze)는 동투르키스탄·길기트 필사본과 티베트어본 등을 참조하여 교정본을 만들고,『다이아몬드 수뜨라』라는 이름으로 번역했습니다. 이 콘즈본을 저본으로 하여 국내에서도 산스크리트어 원전에 입각한 번역본들이 선보여졌습니다. 한문 중심의『금강경』해석에 새로운 전기를 마련한 것입니다. 앞선 분들의 노력으로 원문을 비교해 볼 수 있으니, 얼마나 감사한 일인지 모르겠습니다.

　게다가 조계종 표준본『금강반야바라밀경』에는 알기 쉬운 우리말로 번역하기 위해 애쓴 흔적이 역력합니다. 저는 이 표준본의 번역을 중심으로 설명해 보려고 합니다. 표준본은 여섯 종의 한역본과 산스크리트어본을 대조하여 간행한 것으로, 고려대장경을 저본으로 삼았다는 특징이 있습니다.

　『금강경』이 지나온 길을 조금 맛보셨나요? 이 경전은 험준한 산맥을 넘고 모래사막을 지나 비로소 중국에 전래될 수 있었습니다. 여러 지역을 거치면서 일찍 성립된 부분도 있고, 후대에 추가된 부분도 있습니다. 번역장에서 고심했던 구마라집과 현장의 고민도 묻어 있습니다. 원문에 보다 충실한 의미를 찾기 위해, 쉬운 우리말로 그 뜻을 전하기 위해 애쓴 사람들의 노력도 담겨 있습니다.

　동서고금을 막론하고『금강경』해석에 얼마나 많은 관심을 가져왔는지 알 수 있습니다. 비교적 짧은 분량인『금강경』에 불교의 핵심적인 가르침이 담겨 있기 때문일 것입니다. 무엇보다도 고통의 세계를 넘어 '피안으로 건너가는 지혜'란 상징이 매우 강력한 이미지를 남겨 주고 있지요. 물론 해탈(解脫)과 열반(涅槃)이라는 궁극적 목적을 성취하기 위한 것이지만, 우리의 고통을 없애고 행복하게 사는 길에 관한 지혜 역시 날카롭게 빛납니다. 불교 수행자이든 재가자이든 궁극의 종착지는 '행복'입니다. 그곳으로 향하는 나룻배 하나를 떠올려 보시길 바랍니다.

언어와 분별의 세계를 넘어

한국불교 대표 종단인 대한불교 조계종에서는 『금강경』을 소의경전으로 삼고 있습니다. 우리가 의지해야 할 수행의 지침, 삶의 근거로 삼는다는 뜻이지요. 조계종의 간화선은 중국 선종의 법맥에 닿아 있고, 조계종이라는 이름도 중국 조계산에서 따온 것이라고 합니다.

불립문자(不立文字)를 표방하는 선종에서는 전통적으로 경전을 '달을 가리키는 손가락'에 비유해 왔습니다. 경전의 문자에 얽매일 것이 아니라, 문자라는 손가락 너머로 가리키는 달을 보아야 한다는 것입니다. 그런데 이상하게도 『금강경』만큼은 중요하게 다뤄 왔습니다. 산둥성의 어느 바위 절벽에는 『금강경』의 전문이 새겨져 있다고 하지요. 당나라 6조 혜능(慧能, 638~713) 시대의 일이라고 합니다.

혜능은 양쯔강 이남의 가난한 집에서 태어났습니다. 어려서 아버지를 여의고 어머니와 살면서 시장에 나가 땔

나무를 팔며 생계를 이어 갔습니다. 어느 날 객점에 나무를 날라 주다가 한 손님이 읊는 『금강경』의 한 구절인 "응무소주 이생기심(應無所住 而生其心)"을 듣고서 곧바로 출가를 결심하게 됩니다. "머무는 바 없이 그 마음을 내어야 한다." 이 구절의 어느 구석이 그토록 혜능의 마음을 사로잡았던 것일까요.

그 후 혜능은 5조 대사인 홍인(弘忍)으로부터 불법을 전수받게 됩니다. 홍인 대사의 뛰어난 제자 신수(神秀)가 있음에도 불구하고, 선종의 법맥이 혜능으로 이어지는 과정은 아주 드라마틱합니다. 신수는 부지런히 갈고 닦아 티끌 같은 번뇌가 끼지 않도록 해야 한다는 내용의 게송을 읊었습니다. 동자승에게 이 이야기를 전해 들은 혜능은 "마음은 깨달음의 나무요, 몸은 밝은 거울의 받침대라. 밝은 거울은 본래 깨끗하니 어느 곳에 티끌이 물들겠는가"라는 게송을 지었습니다. 우리의 몸과 마음은 본래 청정하니 닦을 것이 없다는 것입니다.

이를 알아본 홍인 대사가 깊은 밤 혜능을 몰래 불러 『금강경』을 설하니, 혜능은 한 번 듣고 그 뜻을 바로 깨우쳤다고 합니다. 스승이 그에게 가사와 발우를 전하였고,

이것이 중국 선종의 법맥이 혜능으로 이어지게 된 사연입니다. 혜능이 일자무식에 남쪽 오랑캐 출신으로, 중국 선종의 정통 주류가 아니었다는 사실을 암시하기 위해 조금 과장한 측면도 있겠습니다만, 중국 선종사의 흐름을 바꾼 명장면에 틀림이 없습니다. 혜능이 출가를 결심한 날에도, 선종의 법맥을 잇게 되던 날 밤에도, 『금강경』과의 깊은 인연이 자리 잡고 있습니다.

사실 불교의 경전은 대부분 부처님께서 선정 수행 가운데 깨달으신 바를 말씀하신 것이므로, 그 체험의 내용을 인간의 언어나 사유로 이해하기는 어렵습니다. 선종에서는 언어의 길이 끊어지고 마음의 작용이 사라진 곳에서 반야의 지혜를 얻을 수 있다고 강조합니다. 그러한 본래적인 세계, 언어와 논리 이전의 세계를 보라는 것이 『금강경』의 핵심이라고 할 수 있으니, 선사들에게 『금강경』은 가장 선적인 경전으로 비추어졌을 것입니다.

선사들이 주목하듯이, 『금강경』은 모든 언어적 관념이나 분별을 깨트리고 있습니다. "일체의 상(相)을 깨트려라." 벼락 치듯 한 마디가 들려옵니다. 그 일침은 '모든 사물의 모양이나 형태에 관한 생각을 떠나라. 그것은 다만 이름일 뿐'이라고 말합니다. 여기서 말과 사물에 관한 진실 하나가 터져 나오고 있습니다.

혹시 여러분은 캔버스 한가운데 파이프가 그려져 있는 그림을 보신 적이 있나요? '아, 파이프구나.' 그림을 보는 사람들은 실제로 존재하는 파이프와 그림 속에 그려진 파이프를 동일한 것으로 봅니다. 하지만 그림 속에는 '이것은 파이프가 아니다(Ceci n'est pas une pipe)'라고 적혀 있습니다. 르네 마그리트의 이 작품은 그림 속에 담긴 파이프는 우리가 현실에서 볼 수 있는 파이프가 아니라는 사실, 그 역설의 아이러니를 보여 줍니다. 그림 속의 파이프를 가지고 담배를 피울 수는 없으니까요. 사물로서 실재하는 파이프와 그림 속 파이프를 동일시하는 우리의 생각은 의외로 단순하지 않습니다.

세상의 사물에는 온갖 이름이 붙어 있습니다. 인간은 언어를 통해 세상을 이해하고 언어로써 사유합니다. 예를 들어 아이들이 말을 배우기 시작하면, "이건 뭐야? 저건 뭐야?" 질문하기 시작합니다. 아이는 지금 처음 보는 사물의 형태를 보고 그 이름을 배우는 중입니다. "응, 그건 사과." 엄마의 대답을 듣고서도, 조금 지나면 똑같은 질문이

이어집니다. "저건 뭐야?" "응, 사과지……." 하루 종일 질문은 계속됩니다.

아이의 눈앞에 있는 사과 하나를 떠올려 봅시다. 둥근 형태와 빨간색을 보고 아이는 그것을 '사과'라고 부릅니다. 그런데 정작 사과는 빨간색을 고유한 특성으로 갖고 있지 않습니다. 사과 표면에 닿아 빛이 반사된 것을 우리의 눈이 그렇게 파악하는 것입니다. 망막에 있는 시각 세포와 색상을 감지하는 원추 세포의 작용으로 우리는 둥근 형태의 빨간색을 봅니다. 하지만 우리가 다른 구조의 눈을 갖고 있다면 사과는 빨간색으로 보이지 않을 것입니다. 실제로 개나 고양이는 우리와 다르게 봅니다.

그렇더라도, 눈앞의 사과는 비슷하게 둥근 모양인 복숭아·자두와 구분되는 사과만의 특징을 가지고 있습니다. 그 특징을 통해 눈앞에 있는 사과를 '사과인 것'으로 분류하게 됩니다. 하지만 그것 역시 눈앞에 있는 사과 그 자체를 말해 주지 않습니다. 다만 '사과'라는 이름으로 불릴 뿐이지요. '애플(apple)'이라고 불러도 상관이 없습니다.

말과 사물은 아주 단단히 밀착되어 있습니다만, 사물의 실재를 말해 주지 않습니다. 사과를 사과라 부르는 세계 속에서 그것을 실재라고 믿으며 살아가고 있을 뿐입니다. 그와 같이 보고, 그와 같은 이름으로 부르는 것이지요. 우리의 눈이 있는 그대로 본다는 생각을 조금도 의심하지 않습니다. 그와 같이 부르는 이름과 그 사물이 일치한다고 생각하는 것은 우리의 소박한 믿음입니다. 이것이 말과 사물에 관한 '진실'입니다. 언어와 실재 사이에는 깊은 심연이 놓여 있는 것입니다.

물론 언어로 표현하는 것이 의미 없다는 이야기는 아닙니다. 언어는 세계를 표현하는 유용한 도구입니다. 언어적 도구가 아니라면, 이 세계를 표현하고 설명할 방법이 없습니다. 진리는 언어를 떠나 있지만, 언어에 의지할 수밖에 없습니다. 깨달음의 세계도 언어로 전할 수 없지만, 언어로 전할 수밖에 없습니다. 언어의 세속적 역할과 기능은 인정해야 합니다. 그러나 언어적 표현이 실제의 모습을 온전하게 담아낼 수 없다는 사실만큼은 너무나 명백합니다.

실재하는 세계와 언어적 세계의 간극을 눈치채셨다면, 여러분은 『금강경』의 논리, 그 지혜의 바다에 들어오신 것입니다. 'ㅇㅇ은 ㅇㅇ이 아니므로 ㅇㅇ이라 한다.'

『금강경』에서 수도 없이 반복되는 이 문구는 언어적 분별이 있기 이전에 대한 근원적인 통찰을 요구합니다. 불교적 지혜는 내 눈에 덧씌워진 모든 분별을 걷어내는 것에서 출발합니다. 그러니 지금까지 지녀 온 우리의 견해로는 아무리 따져 보아도 무슨 말인지 알 수가 없었던 것입니다.

이 점에서 『금강경』은 선사들이나 불교 수행자들의 전유물이 아닙니다. 『금강경』은 순수하고 깊은 사유를 통해 진리에 다가서고자 합니다. 모든 형상과 이름의 관념을 깨트리고 세상의 실제 모습을 보라고 말합니다. 우리가 실제의 모습을 보지 못하는 근원에는 '나'가 있다는 자아의 관념이 한 축이라면, 또 하나의 축은 명칭과 사물을 동일시하는 언어의 문제라는 것을 날카롭게 간파합니다.

바로 이 점에서 『금강경』은 우리의 사고방식을 깨트리는 돌직구, '파격의 일침'입니다. 모든 관념이나 분별을 버려라! 모든 명칭과 모양에 대한 분별, 그것을 첫 번째로 타파합니다. 두 번째도, 세 번째도 그것입니다. 이 하나의 가르침이 처음부터 끝까지 단순하고 명료하게 반복됩니다.

실제로 경전 전반부의 내용이 후반부에서도 유사한

형태로 반복됨을 볼 수 있습니다. 이것은 『금강경』이 한 시기에 성립된 것이 아니라, 여러 번 증강되고 편집되는 과정을 겪었음을 알려 줍니다. 마치 동일한 선율이 규칙적으로 변주되는 교향곡과 같습니다. 이 경전이 암송이나 독송을 위한 성격을 띠고 있음을 증명하는 것이기도 합니다. 주제는 매우 간결합니다. 그 주제를 여러 가지 형태로 다양하게 변주하면서, 거듭거듭 몸과 마음에 새기라는 뜻이겠지요.

모든 분별의 타파에는 예외가 없었습니다. 실제의 모습조차 '실상(實相)'이라는 생각이나 관념을 일으키지 말라고 합니다. 부처님의 가르침조차 '불법'이 아니라고 말합니다. '진여(眞如)' 역시 이름일 뿐이라고 말합니다. 철두철미한 부정의 논리는 『금강경』 자신도 비껴가지 않습니다. 날카로운 칼날처럼 단호한 메시지, 『금강경』의 진짜 멋진 매력입니다. 한 치도 어딘가에 그 마음이 머물지 않아야 한다는 것이지요. 6조 혜능의 마음을 사로잡았던 "응무소주 이생기심"은 바로 이 뜻이 아닐까요? 그럼 어디에 머물지 말라는 것인지, 문장의 생략된 말들을 찾아 넣는 일을 이제 함께해 보시지요.

2

『금강경』은
왜
만들어졌을까

법회가 열리던 날

"이와 같이 나는 들었습니다."

『금강경』의 첫 문장은 "이와 같이"로 시작됩니다. 앞으로 전개되는 경전의 내용은 내가 지은 것이 아니고, 부처님 말씀을 들은 대로 전하는 것이라는 뜻입니다. 물론 부처님이 직접 쓰신 것도 아닙니다. 이 문구는 부처님이 돌아가시고 난 뒤 경전의 결집 과정에서 아난(阿難)이 여러 대중 앞에 나와, 그가 기억하는 내용을 암송하던 것에서 유래합니다. 다행히 그는 총명하며 기억력이 뛰어났다고 합니다. 부처님의 사촌 동생이었던 그는 출가 이후 25년 동안이나 부처님을 시봉했기 때문에, 가장 가까운 거리에서 부처님 말씀을 가장 많이 들었습니다. 그래서 10대 제자 가운데 아난을 '다문제일(多聞第一)'이라 부르고 있습니다.

이 문장을 시작으로 하여 「제1법회인연분」은 경전의 도입부 역할을 맡습니다. 「제32응화비진분」은 경전의 마무리 역할을 담당합니다. 32분 형태로 구성된 『금강경』의 체제는 산스크리트어본에는 없는 것이고, 중국 양 무제의 아들인 소명태자가 알기 쉽도록 나누어 제목을 붙여 놓은 것입니다.

일반적으로 경전은 "이와 같이 나는 들었습니다(如是我聞)"로 시작하여, 부처님이 언제 어디에 계실 때 어떤 이유로 법을 설하게 되는지가 설명됩니다. 지금 부처님께서는 사위국의 기수급고독원(祇樹給孤獨園)에 1,250명의 비구와 함께 계시는군요. 그때 세존께서는 공양할 때가 되어 가사를 입고 발우를 들고 사위성에 들어가셨습니다. 사위성은 인도 북부의 도시 슈라바스티를 말하는데, 코살라국의 수도였고 상업 도시로서 큰 번영을 누리고 있었습니다.

당시 인도에는 상업 경제가 발달하면서 상당한 부를 축적한 자산가들이 생겨났습니다. 코살라국의 부호였던 수다타(Sudatta, 須達多) 장자는 남에게 베풀기를 좋아하는 사람으로 유명했습니다. 외롭고 궁핍한 사람에게 아낌없이 보시하기를 즐겼으므로 급고독(給孤獨) 장자라 불렀다고 합니다.

어느 날 그는 마가다국 왕사성에 갔다가 부처님을 뵙고는 그 자리에서 불교에 귀의하기로 결심합니다. 그리고 사위성에 오시어 설법해 주시기를 청합니다. 부처님을 모시고 공양할 장소를 물색하던 그는 '기타(祇陀)'라는 이름의 태자가 지닌 숲이 마음에 들었습니다. 장자는 기타 태자를 찾아가 숲을 사고 싶다 말하지만, 태자는 숲 바닥을 모두 황금으로 깔면 모를까 팔지 않겠다고 거절합니다. 그러자 장자는 그날부터 자신의 재산을 황금으로 바꾸어 숲에 깔기 시작했습니다. 그 마음에 감복하여 태자 자신도 기꺼이 숲을 기증하였습니다. 그로 인해 기타 태자의 숲에 급고독 장자의 이름이 붙은 기수급고독원이 생겨난 것입니다. '기원정사(祇園精舍)'라고 부르기도 하는데, 부처님은 그곳에서 20여 년을 머물며 법을 설하셨습니다. 두 사람의 아름다운 보시가 많은 경전 속에 기수급고독원의 이름을 남기게 한 것입니다. 그곳에서는 매일매일 홀아비·과부·고아·노인과 같이 외롭고 가난한 사람들을 위한 음식이 베풀어졌습니다.

부처님도 탁발을 하신 후에 원래 있던 자리로 돌아와

공양을 드셨습니다. 공양을 마치신 후에는 가사와 발우를 씻어 제자리에 놓고 발을 씻은 다음 자리를 펴고 앉으셨습니다. 발을 씻는다는 것은 마을에 다녀온 뒤 더러워진 발을 씻는다는 의미가 있겠지만, 이제 자리를 펴고 앉아 선정에 들겠다는 하나의 의례처럼 보입니다. 여느 때처럼 부처님은 가부좌를 한 채 몸을 곧게 세우고 앉아 계셨습니다.

그때 장로 수보리(須菩提, Subhūti)가 대중 가운데 있다가 자리에서 일어나 오른쪽 어깨를 드러내고 오른 무릎을 땅에 대며 합장하고 말합니다. "경이롭습니다, 세존이시여! 여래께서는 보살들을 잘 보호해 주시며 보살들을 잘 격려해 주십니다." 먼저 부처님을 찬탄합니다.

수보리는 수다타 장자의 조카입니다. 기수급고독원이 세워지던 날, 부처님의 설법을 듣고 출가를 한 그는 부처님의 10대 제자 가운데 '해공제일(解空第一)'로 알려져 있습니다. '공(空)'의 이치를 깨달아서 가장 잘 이해했다는 뜻입니다. 『금강경』에서 부처님께 질문하는 주인공으로 나오기 때문에, 『금강경』의 공 사상과 관련지어 붙여진 호칭으로 보입니다.

『금강경』에서는 그를 '무쟁제일(無爭第一)'이라 부르는 표현이 한 번 등장합니다. '다툼없이 살아가는 데 으뜸인 자'라는 뜻입니다. '고요한 곳에서 수행을 즐겨 하는 자'로도 해석됩니다. 모든 욕망과 번뇌를 끊어 버린 아라한으로서 그의 마음은 안과 밖이 고요하고 청정합니다. 그러니 다른 이와 다툴 일이 없습니다. '맞다', '그르다' 다투고 논쟁할 일이 없는 것이지요.

『금강경』에 나오는 수보리의 질문은 혼자만의 것이 아니라, 모든 비구들의 마음을 읽고 그들의 의문을 대신한 것으로 볼 수 있습니다. 그런데 자신을 포함한 비구들을 '보살(菩薩)'이라 부르고 있네요. 보살이란 산스크리트어 '보디사뜨바(bodhisattva)'의 음역으로, 대승불교에서 '깨달음을 얻은 중생' 혹은 '깨달음을 얻고자 발심(發心)한 중생'을 가리키는 호칭입니다. 큰 존재라는 의미인 '마하살(摩訶薩, mahasattā)'을 붙여서 '보살마하살'이라고 부르기도 합니다. 중생 구제의 큰 서원을 일으킨 자에 대한 존칭인 셈이죠.

지금 설법을 듣고 있는 제자의 상당수는 이미 깨달음을 얻은 보살이거나 발심하여 보살의 길로 들어선 대승의 수행자로 보입니다. 여기 모인 청중들이 보살과 비구들이라는 점에서 『금강경』은 최상승의 수행자에게 설하는 최고의 가르침이라는 것을 알 수 있습니다. 그들을 대신하여 수보리가 질문을 합니다. 원래 질문이 좋아야 좋은 설법도 가능한 법입니다. 뛰어난 제자 수보리의 질문으로 『금강경』을 설하는 자리가 마련되는 순간입니다.

　　"세존이시여! 가장 높고 바른 깨달음을 얻고자 하는 선남자 선여인이 어떻게 살아야 하며 어떻게 그 마음을 다스려야 합니까?"

　　'가장 높고 바른 깨달음'이란 '아뇩다라삼먁삼보리(阿耨多羅三藐三菩提)'를 우리말로 풀이한 것입니다. 산스크리트어 'anuttarasamyaksambodhi'를 소리 나는 대로 음사한 것이어서, 한자어로는 아무리 들여다보아도 무슨 말인지 알 수 없습니다. 'anuttara'는 '위 없이(無上)', 'samyak'은 '올바른(正等)', 'sambodhi'는 '깨달음(正覺)'을 뜻하니, 더 이상이 없는 최고의 올바른 깨달음이라는 뜻이 됩니다. 그 의미를 살려서 무상정등정각(無上正等正覺)

으로 번역하고 있습니다.

수보리는 지금 가장 높고 바른 깨달음을 얻고자 한다면, 그 마음을 어떻게 다스려야 하는지 묻고 있습니다. 10대 제자 가운데 한 사람으로 공의 이치를 가장 잘 이해했다는 수보리, 그의 질문은 다름 아닌 '마음'의 문제였습니다. '이렇게 소박한 물음을 던지다니', 의아하게 생각되기도 합니다. 하지만 마음을 다스리는 문제만큼 어려운 것도 없지 않습니까? 부처님의 말씀을 한마디로 말한다면, 결국 '마음 심(心)' 한 글자에 압축된다고 볼 수 있습니다.

이 질문으로 인해 마음을 다스리는 길에 관한 설법이 시작됩니다. 흥미로운 것은 『금강경』에서 수보리를 주인공으로 보살의 길을 묻고 있다는 점입니다. 수보리는 부처님의 가르침을 직접 들었던 성문(聲聞) 제자 가운데 한 사람입니다. 그들은 가르침대로 수행하여 아라한이 되는 것을 궁극적인 이상으로 삼습니다. 대승불교에서는 이들을 자신만의 깨달음을 추구하는 '소승(小乘)'이라 폄하하며, 자신들은 더 큰 수레, 즉 '대승(大乘)'이라 불렀습니다. 위로는 깨달음을 구하고 아래로는 중생 교화의 원력을 세운 보살들을 이상적인 수행자로 삼았습니다. 대승의 보살을 소승의 수행자인 성문이나 아라한보다 우월한 존재로 묘사합니다.

그런데 『금강경』에서는 성문과 보살 사이의 대립과 긴장이 전혀 느껴지지 않습니다. 성문이나 아라한을 소승이라 폄하하려는 의도가 보이지 않습니다. '최고의 높고 바른 깨달음'을 말하지만, 정작 '대승'이라는 용어는 보이지 않습니다. 『금강경』의 성립 시기를 보살들의 교의가 '대승'이라는 말로 정립되기 이전, 소승과 대승의 대립이 본격화되기 이전으로 추정하는 이유가 됩니다. 즉 초기불교의 전통이 잘 유지되고 있었고, 대승불교의 사상이 발흥하였으나 아직 정착되지는 않았던 무렵으로 짐작됩니다.

수보리의 질문에서 우리는 대승불교도들의 시대정신을 엿볼 수 있습니다. 중생 구제의 서원을 세운 보살들은 어떠한 마음을 지녀야 하는가, 참다운 보살의 길은 무엇인가를 명확히 하는 것이 당시 불교도들의 당면 과제였을 것입니다. 이 질문으로 인해 부처님은 '보살에게 보살이라는 관념이 있다면, 그래서 내가 중생을 제도했다는 생각이 있다면 그는 보살이 아니다', '보살은 보시를 베풀

되 어떤 법에도 머물지 않고 보시해야 한다', '어디에도 머물지 않고 베푸는 공덕은 헤아릴 수 없이 많은 공덕이 있다. 그 공덕은 공덕이 아니기 때문이다'와 같은 설법을 펼치고 계십니다.

　이 질문과 대답을 거꾸로 읽어 본다면, 당시 불교 교단에는 중생을 구제한다는 생각을 지닌 보살이 그만큼 많았던 것이 아닐까요? 부처님은 그래서 단도직입적으로 "바로 그 생각을 버려야 한다"라고 벼락치듯 말합니다. '보살이라는 생각을 갖는다면, 보살이 아니다.' 이 역설의 의미를 이해하기 위해 『금강경』이 성립되던 당시 불교의 역사를 살펴보겠습니다. 뛰어난 제자 수보리가 참다운 보살의 길을 질문해야 했던 시대적 상황을 짚어 볼 필요가 있으니까요.

'반야바라밀'을 설하는 까닭

부처님께서 열반하시고 나서, 제자들은 부처님의 말씀이 흩어지지 않도록 한곳에 모으는 것에 뜻을 같이합니다. 이른바 '경전의 결집'이 이루어집니다. 결집은 마하가섭이 아라한과를 증득한 500명의 장로를 왕사성 부근의 칠엽굴로 소집하여 이루어졌습니다. 다문제일(多聞第一)인 아난이 경을 읊어 경장(經藏)을 만들고, 지계제일(持戒第一)인 우팔리가 계율을 읊어 율장(律藏)을 만들었습니다. 나이 든 장로들은 그 내용이 맞는지 아닌지를 결정하고, 경전으로 인정된 것을 합송하는 방식으로 구전되었습니다. 처음부터 문자로 기록된 것은 아닙니다.

그런데 부처님이 돌아가신 지 100여 년이 지난 뒤, 계율에 대한 해석을 놓고 승가의 분열이 시작됩니다. 전통적인 계율의 원칙을 그대로 따르고자 했던 보수파와 당시의 현실에 맞추어 해석되기를 원했던 진보파의 견해가 부딪혔기 때문입니다. 승가는 보수적인 상좌부와 진보적인 대중부로 크게 대립하더니, 분열을 거듭하여 마침내 20여 개의 부파로 나뉘게 됩니다. 이 시기를 '부파불교(部派佛教) 시대'라고 부릅니다.

부파불교라고 해서 분열만을 일삼았던 것은 아닙니다. 부처님 말씀을 체계적으로 분류하고 불교학의 기본 개념을 정립한 것은 순전히 그들의 공로였습니다. 부처님의 말씀, 즉 '법(法)'에 관한 그들의 주석과 논의는 '아비달마(阿毘達磨, abhidharma)'라는 이름으로 논장(論藏)의 형태를 갖추게 됩니다. 비로소 경장·율장·논장의 삼장(三藏)이 완성된 것입니다.

'법'에 해당하는 산스크리트어 '다르마(dharma)'는 불교가 탄생하기 이전부터 사용되고 있었습니다. 고대 인도인들은 하늘의 별이 지나는 데에는 일정한 궤도가 있고, 봄·여름·가을·겨울의 순환에 일정한 법칙이 있다고 믿었습니다. 자연의 '질서', 우주가 유지되는 '원칙'을 다르마로 표현했던 것이지요. 다르마는 이 밖에도 '속성'·'본질'·'요소'·'현상' 등의 다양한 의미로 쓰였습니다. 불교에서는 부처님의 '가르침'·'진리' 등을 기존에 있던 다르마 개념을 빌어 설명하게 됩니다. 그 가운데 불교의 독자적인 용법으로 생멸(生滅)의 법칙을 따르는 현상계의 모든 것을 다르마, 즉 '법'이라고 불렀습니다.

부파불교에서는 붓다의 설법을 설명하기 위해 이 세계의 요소들을 세밀하게 분석하는 방법을 취합니다. 가장 유력한 부파였던 설일체유부(說一切有部)는 존재하는 모든 것을 색법·심법·심소법·심불상응행법·무위법이라는 다섯 가지 영역으로 나누고, 각 영역의 하위 요소들을 더욱 세밀하게 분류하여 '5위75법'의 체계를 만듭니다. 특히 마음의 작용으로 일어나는 번뇌와 무지의 특성, 그것이 생겨났다 사라지는 과정을 명확히 분석하고자 했습니다. 무엇을 부수어야 하는지 그 대상을 꼼꼼히 관찰한 것입니다.

안타까운 것은 그들이 법에 대한 해석에 지나치게 몰두한 나머지, 번쇄하고 현학적인 불교를 만들어 놓았다는 사실입니다. 그들은 모든 법을 더 이상 쪼갤 수 없는 것으로 정의하고, 그러한 법은 고유한 자성(自性)을 지니며 과거·현재·미래의 삼세에 걸쳐서 항상 존재한다고 주장했습니다. '설일체유부'라는 이름도 '일체의 모든 법이 존재한다고 말하는 사람들'이라는 뜻에서 유래합니다.

불교는 모든 것이 무상하고 변화한다고 가르칩니다. 그러니 어떠한 것도 고정된 실체를 갖고 존재하는 것이 아니라고 말합니다. 모든 것은 변화한다는 제행무상(諸行無常)과 어떤 것에도 실체가 없다는 제법무아(諸法無我), 이 두 가지 축은 언제나 불교적 가르침의 핵심이었습니다.

예를 들면 인간이란 존재에 대해서 자아라는 고정된 실체가 있는 것이 아니라고 주장합니다. 그 대신에 색(色)·수(受)·상(想)·행(行)·식(識)이라는 다섯 가지 온(蘊)의 결합으로 설명합니다. '온'이란 나무를 쌓아 놓은 더미라는 뜻으로, 요소들의 '집합'·'적집'으로 해석됩니다. 마치 수레바퀴, 바퀴 살, 수레 축 등의 여러 재목이 화합한 것을 수레라고 부르는 것처럼, 다섯 가지 온이 화합한 것을 중생이라 부른다는 것이지요. 이것이 인간을 각각의 구성 요소로 해체하여 분석한 오온설(五蘊說)입니다. 통상적으로 색온은 육체를 의미하고, 수온은 감정을 느끼는 지각 작용, 상온은 대상을 받아들여 떠올리고 사고하는 표상 작용, 행온은 욕구를 일으키는 의지 작용, 식온은 대상을 분별하는 의식 작용으로 설명됩니다. 다섯 가지 요소로 해체하여 하나하나 관찰해 보아도, 변하지 않는 실체로서

'나'라고 부를 만한 것은 어디에도 존재하지 않는다는 뜻입니다. 오온설은 이처럼 무상과 무아의 이치를 통해 인간이란 존재를 해명하고 있습니다.

그런데 설일체유부에서는 색·수·상·행·식 하나하나가 법으로서 존재하며 고유한 자성을 지닌다고 주장하게 됩니다. 일체법의 무상성·무아성을 해명하기 위해 각각의 요소들로 해체했던 것이지만, 그들은 본래의 뜻을 잊고 법의 분류와 그 해석에 지나치게 몰두했습니다. 그 결과 설일체유부는 불교의 교리 체계를 만든 공로에도 불구하고, 틀에 박힌 해석으로 불교 가르침의 생생한 생명력을 잃게 됩니다.

바로 이 문제를 해결하는 과제가 대승불교도에게 주어집니다. 모든 법의 실재성을 부정하는 일이 첫 번째 과제였습니다. 대표적인 대승불교 논사인 용수(龍樹, Nāgārjuna, 150?~250?)는 『중론』에서 일체법의 자성이 없음을 조목조목 논증하며, 설일체유부를 격렬하게 비판합니다. 불교도들이 집착하는 법에 대한 견해를 깨트리고, 모든 법의 성품은 무자성(無自性)이라고 설파했습니다. 그리고 그것의 실체 없음을 '공(空)'이라는 말로 표현하기 시작합니다.

　그에 따르면 모든 것은 임시로 지어진 이름일 뿐이며, 독립적으로 존재하는 것이 아니라 언제나 다른 것을 조건으로 하여 일어납니다. 그렇다고 해서 완전히 없는 것도 아닙니다. 제법의 실상은 있음과 없음의 양극단을 떠난 중도(中道)에 있기 때문입니다. 다른 조건을 따라 일어난 모든 존재는 그 자신이 독립적으로 생겨나는 것이 아니고, 자신의 성품을 지닌 것도 아니어서 실체라고 할 만한 것이 없습니다. 용수는 그것이 바로 부처님의 참뜻이라고 선언하였습니다.

　대승불교도들은 부처님 말씀으로 돌아가는 길을 지혜, 즉 '반야(般若)'에서 찾고자 했습니다. 그것이 잃어버린 불교의 생명력을 되찾는 길이라고 보았지요. 반야의 이름을 제목으로 삼은 경전들이 기원 전후 1세기에 수도 없이 쏟아져 나오게 되는 이유입니다. 600권이나 되는 『대반야바라밀다경』도 이때 등장하게 됩니다. 처음부터 방대했던 것은 아니고, 작은 경전 몇 권이 한데 모여 『소품반야경』, 『대품반야경』 등을 이루다가 그처럼 방대한 규모로 완성되었습니다. 산스크리트어본으로는 『팔천송반

야경』,『이만오천송반야경』,『십만송반야경』 등이 있으니,
그 이름을 듣고 '헉' 하실지도 모르겠습니다.

　　『금강경』은 반야경 계통의 대표적인 경전입니다. 현
장이 번역했던 저 방대한 분량의 600권『대반야바라밀다
경』 가운데 577권에 들어 있는「제9능단금강분」에 해당
합니다. 이것은『금강경』이 하나의 독립적인 경전이라기
보다는『반야경』 모음 가운데 하나였을 가능성을 말해줍
니다. 대부분 산문이지만, 게송으로 따지면 300송 분량에
해당하므로 '삼백송반야경'으로 부르기도 했습니다.

　　기원후 300년에서 500년 사이, 혼란스러운 상황이
조금씩 정리됩니다. 다양한 요약본이 나름의 철학적 체계
를 갖추고 선보이기 시작합니다. "아제 아제 바라아제 바
라승아제 모지 사바하"로 끝나는『반야심경』은 260글자
에 반야의 핵심을 압축적으로 담아 놓았습니다. 빠트릴
글자가 하나도 없을 정도입니다. 첫 문장은 "관자재보살
이 깊은 반야바라밀다를 행할 때, 오온이 모두 공함을 보
고 일체의 고통을 건너갔다"로 시작합니다. 그 공함에는
"색도 없고 수·상·행·식도 없다"라고, 조금의 여지도 남
기지 않고 딱 잘라 말합니다. 오온의 색·수·상·행·식은

모두 공한 것, 없는 것이라고 말입니다.

『반야심경』에 비하면, 『금강경』에는 부처님과 수보리의 문답도 있고, 부처님의 전생담이나 갖가지 비유도 있어서 경전 읽는 재미가 쏠쏠합니다. '모든 부처님은 이 반야바라밀을 통해 나왔다'라고 설명하면서도, '부처가 말하는 반야바라밀은 곧 반야바라밀이 아니기 때문'이라고 말하며 특유의 논법을 구사합니다. 반야바라밀조차 이름일 뿐이라는 것이지요. 심지어 불법이라는 것도 불법이 아니라고 말합니다. 여래께서 설하신 법도 없다고 선언하는 부분에서는 부파불교가 강박적으로 집착했던 '법'에 관한 관념을 깨트리고자 했음을 분명하게 알 수 있습니다.

『금강경』은 모든 관념의 실체 없음, 비어 있음을 날카롭게 파헤칩니다. '공'이라는 용어를 한 번도 쓰지 않았지만, 대승불교 공(空) 사상의 진수를 보여 줍니다. 이런 까닭에 『금강경』의 성립을 '반야 사상 = 공 사상'이라는 도식이 정착되기 이전인 기원후 150~200년 경으로 추정합니다. 반야부 계통의 경전 가운데서도 비교적 초기에 성립한 것으로 보고 있습니다.

법회가 열리던 날 수보리의 질문과 부처님의 대답, 『금강경』을 둘러싼 불교사의 이면들을 말씀드렸습니다. 이제부터는 몇 가지 주제들을 중심으로 경전 전체의 내용을 살펴보려고 합니다. 자, 이제 『금강경』이라는 지혜의 바다를 헤엄칠 준비가 되었는지요? 『금강경』의 지혜가 여러분 앞에 넘실대고 있습니다.

3

『금강경』이
말하고자 하는 것은
무엇일까

아상의 타파

"가장 높고 바른 깨달음을 얻고자 하는 선남자 선여인은 어떻게 살아야 하며 어떻게 그 마음을 다스려야 합니까?"

법회가 열리던 날 수보리가 부처님께 드렸던 질문입니다.

"훌륭하다. 수보리여!"

부처님께선 먼저 칭찬을 하십니다. 이제 곧『금강경』의 설법이 시작되겠군요. 그런데 다짜고짜 하시는 말씀이 이러합니다.

"(모든 보살마하살은) 헤아릴 수 없이 많은 중생을 열반에 들게 하였으나, 실제로 완전한 열반을 얻은 중생이 아무도 없다."

「제3대승정종분」의 첫 부분이니, 대승의 바른 종지를 드러낸 것입니다. 대승 경전의 대표 격인『금강경』, 그 핵심 중의 핵심이 여기에 담겨 있습니다.

모든 중생을 남김없이 열반에 들게 하리라 마음먹은

자가 보살이 아니던가요? 이러한 보살이 '헤아릴 수 없이 많은 중생을 열반에 들게 하였어도 열반을 얻은 중생은 아무도 없다'니, 도대체 이게 무슨 말인가요? 아무런 도입부도 없이 그냥 한 방을 '훅' 날리십니다.

이 세상에는 수많은 중생(衆生)이 있습니다. 살아 있는 것, 생명을 가진 것을 중생이라 부르는데, 숫자도 많지만 종류도 헤아릴 수 없이 많습니다. 인간이나 동물만을 가리키는 것이 아니기 때문이죠. 불교적 관점에서는 이 세계를 욕계(欲界)·색계(色戒)·무색계(無色界)의 삼계(三界)로 설명합니다. 욕계에는 욕망과 욕심으로 이루어진 고통의 세계인 지옥·아귀·축생·아수라·인간·천신의 세계가 있습니다. 색계는 욕망을 버린 천상의 세계이지만, 아직 미세한 물질로 이루어진 몸의 형태가 남아 있습니다. 무색계는 미세한 물질마저 벗어난 순수한 정신적 세계를 뜻합니다. 그 세계에 태어나는 중생들은 각기 다른 수명과 특징을 가지고 태어난다고 합니다. 천상계에는 천상의 중생들이 살아가고, 인간계에는 인간이라는 중생들이 살아갑니다. 삼계의 범위가 이토록 광범위하므로 거기에 살아가는 중생 또한 그 종류가 헤아릴 수 없이 많습니다.

『금강경』에서는 아홉 가지 종류의 중생을 언급하고 있습니다. 먼저 욕계의 중생을 태어나는 방식에 따라 네 가지로 구분합니다. 새나 거북이 등은 알에서 태어나는 난생(卵生), 사람이나 짐승은 모태에서 태어나는 태생(胎生), 모기나 구더기 등은 습한 곳에서 태어나는 습생(濕生), 천신이나 지옥의 중생은 수태의 과정 없이 변화된 몸으로 태어나는 화생(化生)에 해당합니다.

욕계와 색계에 태어나는 중생은 육체라는 물질적 요소를 지니고 있으므로 '형상이 있는 것'으로 분류됩니다. 반면에 무색계에 태어나는 중생은 '형상이 없는 것'으로 봅니다. 다음으로는 '생각이 있는 것', '생각이 없는 것', '생각이 있는 것도 아니고 없는 것도 아닌 것'이 있습니다. 색계와 무색계의 영역을 단계별로 층층이 구분한 것입니다. 욕계의 중생이 그가 지은 업(業)에 따라 태어나는 곳이 달라진다면, 색계와 무색계의 중생은 그가 닦은 선정의 상태에 따라 태어나는 곳이 달라집니다. 보살이 제도해야 할 중생이 다만 이 세상의 인간이나 동물만은 아니라는 점, 충분히 이해하실 수 있겠지요?

그런데 이처럼 한량없고 셀 수 없이 많은 중생을 완

전한 열반으로 제도하더라도, "실제로는 완전한 열반을 얻은 중생이 아무도 없다"라고 말하고 있습니다. 조금 친절한 설명이 있으면 좋겠다 싶은데, 곧바로 이어지는 문장은 더욱 난감합니다.

"왜냐하면 수보리여! 보살에게 자아(自我)가 있다는 관념, 개아(個我)가 있다는 관념, 중생(衆生)이 있다는 관념, 영혼(靈魂)이 있다는 관념이 있다면 보살이 아니기 때문이다."

'자아'·'개아'·'중생'·'영혼'이라는 네 가지 관념이 있다면, 보살은 보살이 아니라고 말하고 있네요. 이것은 구마라집의 한역인 '아상(我相)'·'인상(人相)'·'중생상(衆生相)'·'수자상(壽者相)'을 조계종 표준안에서 알기 쉬운 우리말로 번역한 것입니다. 용어마다 붙어 있는 '상(相)'이라는 글자를 '관념'으로 풀어 놓았습니다.

이를 구마라집은 '相'으로 번역한 것과 달리, 현장은 아래에 '마음(心)' 자가 붙은 '想'으로 번역하고 있습니다. 어떤 것의 모습이나 모양을 '相'이라는 글자로 표현한다면, 마음에 떠오른 모습이나 모양은 '想'으로 표현하는 것이 정확하겠지요. 생각이나 관념은 마음에서 이루어진다고 볼 수 있습니다. 산스크리트 원어를 '삼즈냐(saṃjñā)'로 상정한다면, 현장의 번역이 보다 원문에 충실해 보입니다. 왜냐하면 어떤 것의 모습이나 모양 혹은 그것의 특성을 나타낼 때는 보통 '락샤나(lakṣaṇa)'가 쓰이기 때문입니다. 수행자의 마음에서 일어나는 경계나 영상의 경우에는 '니미따(nimitta)'가 사용되기도 합니다.

그런데 구마라집은 세 가지 모두를 '相'으로 번역하고 있습니다. 어떤 대상이 지닌 모습이나 특성, 마음에 생겨난 영상, 그로 인해 생겨나는 생각이나 관념을 구분하지 않은 셈입니다. 바깥에 있는 대상이든 마음에 떠오른 대상이든, 특정한 모양을 갖는다는 점에서 동일하다고 보았던 모양입니다. 한 글자에 이렇게 포괄적인 의미를 담아 번역한 데에는 많은 고민이 있었을 것입니다. 서역승 구마라집의 입장에서는 그것이 중국인에게 이해되기 쉽다고 판단한 것이겠지요.

이제부터는 '자아'·'개아'·'중생'·'영혼'이라는 용어를 차례대로 살펴보겠습니다. 낯설고 생경한 이 네 가지 단어에는 당시 인도 사회의 복잡한 사상적 지형이 맞물려 있습니다.

먼저 '자아가 있다는 관념(我相)'은 브라만교에서 주장했던 아트만(ātman)에 관한 관념을 뜻합니다. 그들은 브라흐만이라는 신이 우주와 인간을 창조했다고 믿었고, 모든 만물은 그로부터 생겨났다고 믿었습니다. 그리고 모든 생명의 내면에는 브라흐만의 신성이 깃들어 있으며, 모든 생명의 본질로서 영원히 변하지 않는 것이 존재한다고 주장하면서 그것을 아트만이라 불렀습니다. '나'라고 하는 것의 본질이 아트만이며, 이번 생이 끝나고 다음 생에 윤회하는 것도 그것이라고 말합니다. 그들은 자신 속에 내재하는 아트만을 깨달아 우주의 신 브라흐만과 하나 되는 것을 목표로 삼았습니다.

'개아가 있다는 관념(人相)'은 불교의 한 부파였던 독자부가 '개체적 자아'를 인정하고, 그것을 '푸드갈라(pudgala)'로 불렀던 것을 말합니다. '인상'을 '타인에 대한 관념'으로 풀이하기도 합니다만, 개체적 자아의 의미로 해석하는 것이 용어의 맥락상 적합합니다. 독자부는 '푸드갈라를 언어로 설명할 수 없지만, 그것이 있어서 중생은 행위를 짓고 윤회(輪廻)를 하는 것'이라고 말합니다. 푸드갈라는 오온과 같지도 않고 다르지도 않은 것이어서 자신들의 견해가 불교의 무아설에 위배되지 않는다고 주장했지만, 정작 그들은 불교 내부에서 격렬한 비판을 받아야 했습니다. 아트만설과 무엇이 다르냐는 것이지요.

'중생이 있다는 관념(衆生相)'은 살아 있는 생명이나 존재에 관한 관념을 뜻합니다. 산스크리트어 '사뜨바(sattva)'의 번역으로, 모든 생명에는 그 생명을 주관하는 근원적인 것이 있다고 보았습니다. 바위나 돌과 같은 무정물은 살아 있는 것으로 보지 않습니다. 살아 있는 모든 것에는 지각·감정이 있다고 보았기 때문에, 현장은 '유정(有情)'으로 번역하고 있습니다. 즉 삼계에 살아가는 모든 존재를 말합니다. 이 중생들은 비슷한 부류끼리 무리 지어 살아가며, 나고 죽는 윤회의 과정을 끊임없이 반복합니다.

'영혼이 있다는 관념(壽者相)'은 자이나교에서 살아 있는 생명이나 영혼을 '지바(jiva)'라고 부른 것을 말합니다. 자이나교는 불교와 같은 시대에 생겨나서 성장하며 상당한 영향력을 지니고 있었습니다. 그들은 지바를 자아와 거의 같은 개념으로 설명합니다. 본래는 자유로운 상태였지만, 업에 의해 속박되어 있으므로 윤회를 거듭한다고 말합니다. 모든 존재는 신체적 제약에 묶여 있다고 보았기 때문에, 해탈의 상태를 얻기 위하여 신체적 고통을 무릅쓰는 고행주의를 택했습니다.

브라만교의 아트만 사상에 대항하여 그러한 자아는 없다고 부정했던 사람이 붓다입니다. 그는 자이나교의 지바와 같이 변하지 않고 존재하는 영혼이나 자아는 없다고 선언했습니다. 오온이라는 무더기를 벗어나 어떤 것도 실체로서 존재하지 않는다, 아무리 분석해 보아도 '나'라고 부를만한 것이 없다는 무아설은 당시 인도 사회에 도전하는 혁신적 사상이었습니다.

이상의 네 가지 용어의 이름은 다르지만, 모두 동일한 관념을 나타내고 있습니다. 생명 있는 존재가 곧 행위하는 주체, 윤회하는 주체라고 보는 것입니다. 부르는 이름이 다르지만 모두 동의어인 것이지요. 종교와 사상이 다르지만 영원불멸의 자아나 영혼이 있다고 여기는 점에서 차이가 없습니다.

인도의 여러 종교와 사상 가운데 자아의 개념을 부정

하는 것은 불교가 유일합니다. 지금까지 그 어떤 사상도 자아에 대한 관념을 버리라고 말한 적이 없었습니다. 더욱이 서양의 모든 철학은 자아라는 토대 위에 구축된 것이지요. 죽음 이후에 동일한 영혼을 지니고 다시 태어나는 주인공 이야기가 영화나 드라마에 자주 등장하는 것을 보면, 자아의 영역이 있다고 믿는 사고방식은 현재에도 보편적인 것 같습니다.

일상생활에서 크고 작은 다툼이 발생할 때, "내가 누군지 알아?" 이런 말을 듣는 것은 그다지 어렵지 않습니다. '나, ○○대 나온 사람이야', '나 ○○집안 사람이야.' 심심치 않게 들을 수 있는 말들입니다. 내가 이러저러한 사람임을 과시하고, 타인에게 끊임없이 그 사실을 확인받으려고 합니다. 그렇지 못할 땐 고래고래 소리 지르고 사회적 물의를 일으키는 행동도 서슴지 않습니다.

왜 그러냐고 물을 필요도 없습니다. 오래전부터 그렇게 살아왔기 때문입니다. '나'라고 하는 생각이 그들의 말과 행동을 지배하기 때문입니다. 사실 '나'에 대한 생각은 어린아이 때부터 생겨난다고 보아야 합니다. 거울 앞의 아이는 거울 속에 비친 모습이 자신인 줄 모르다가, 이리

움직이고 저리 움직이고 하면서 거울 속의 영상이 자신임을 알아차리게 된 이후에는 "나, 나, 나…. 내가 할 거야…. 내가 할 거야……."라는 말을 입에 달고 살아갑니다. 무언가를 보기 시작하고, 그것의 이름을 알게 되는 순간부터 인간의 의식과 행위에는 '나'라는 것이 뿌리 깊게 자리 잡습니다. 자아에 대한 관념이 사라지는 일은 거의 없습니다. 강력하게 우리의 모든 의식과 행위를 지배하는 것입니다.

불교에서는 자아에 대한 관념을 인간의 고통이 발생하는 근본 원인으로 진단합니다. 나도 모르는 시절부터 내가 보고 내가 하는 것으로 알고 살아왔으니, 이 고통의 사슬에서 무엇이 문제인지 자각할 수 없었던 것입니다. 불교는 '나'가 있다는 생각부터 과연 그러한지 살펴보자고 말합니다. 지금까지 세상을 보던 시각을 완전히 뒤집고 있네요. 그러니 불교가 어렵게 느껴질 수밖에 없습니다. 우리의 사고방식을 뿌리째 흔들기 때문입니다.

"셀 수 없이 많은 중생을 제도하더라도, 보살은 보살이라는 생각을 가져서는 안 된다." 이것이 『금강경』의 설법이었습니다. 자아의 관념을 깨트리는 일은 대승불교의 보살들에게도 가장 올바른 깨달음을 얻기 위한 핵심 중의 핵심이었습니다. 이른바 보살은 '나는 보살', '너는 중생'이라는 관념을 일으키면 안 됩니다. '내가 제도하였다'라는 관념을 일으켜서도 안 됩니다. 보살이라 할 만한 법은 실제로 없습니다. 자아도 없고, 개아도 없고, 중생도 없고, 영혼도 없다고 말합니다. '나'라는 관념을 깨트리라는 벼락 같은 소리가 들려옵니다. 이 하나의 말에 『금강경』의 모든 설법이 담겨 있습니다. '나'라는 오래된 생각의 감옥을 부수고, '나' 없음의 이치를 깨달아야 진정한 보살이라 부를 수 있다는 것입니다.

머무름이 없는 보시

오늘날 보살이라는 명칭은 절에 다니는 여성 신도들을 부르는 데 쓰이고 있습니다만, 그 이름에는 대승불교의 이상이 한껏 응축되어 있습니다. 중생을 구제하겠다는 큰 서원을 세우고, 중생 구제를 위해서라면 자신의 깨달음도 미루고 이 세상에 머물기를 자처합니다. 자기 한 몸이 아니라, 보다 많은 중생을 저편 언덕으로 데려다 주려고 합니다. 그러니 더 큰 배를 띄워야겠지요. 대승의 깨달음은 그래서 위대합니다.

목적의 성취를 위해서는 그것을 실천할 방법이 제시되어야 합니다. 대승에서는 보시·지계·인욕·정진·선정·지혜라는 여섯 가지 바라밀을 통해 보살이 지녀야 할 덕목들을 세우게 됩니다. 바라밀의 의미가 '건너가다'라는 것은 앞에서 말씀드렸지요. '완성하다'라는 의미를 지닌다는 것도 기억하시나요? 생사의 고해를 건너 열반에 이르는 길, 그곳으로 향하는 방법이 여섯 가지 바라밀에 압축되어 있습니다.

'보시(布施)'는 자신이 가진 것을 아낌없이 타인에게 베푸는 행위입니다. '지계(持戒)'는 계율을 몸과 마음에 지녀서 악한 일은 막고 선한 일을 하는 것입니다. '인욕(忍辱)'은 박해나 곤욕스러운 일을 참고 견디는 것입니다. '정진(精進)'은 꾸준하게 바른 노력을 기울이는 것을 말합니다. '선정(禪定)'은 마음을 바로잡아 고요한 상태에 이르도록 하는 것입니다. '지혜(智慧)'는 일체 모든 것의 무상함, 괴로움, 실체 없음을 바르게 깨닫는 것입니다. 지혜바라밀은 다른 바라밀이 성취되는 근원이고, 최종적인 완성이기도 합니다. 여섯 가지 바라밀을 통해 보살은 중생을 구제하고 자신의 깨달음도 완성하게 됩니다. 초기 경전에서 나오는 팔정도(八正道), 즉 정견(正見)·정어(正語)·정사유(正思惟)·정업(正業)·정명(正命)·정정진(正精進)·정념(正念)·정정(正定)의 대승불교적 변용이라고 볼 수 있습니다.

『금강경』에서는 보시·지계·인욕바라밀에 대해 이야기하지만, 여섯 가지가 골고루 다뤄지지는 않습니다. 여섯 가지 바라밀의 체계가 온전하게 완성되기 이전에 이 경전이 성립되었음을 말해 주는 듯합니다. 그중에서도 맨

앞의 보시바라밀을 '으뜸'으로 보고 있는지, 유달리 거듭 거듭 반복해서 언급하고 있습니다. 아무리 신심이 깊고 계율을 잘 지키며 선정 수행을 열심히 닦더라도 보시행이 없다면 보살의 길에 들어설 수 없다고 본 것이지요.

보시의 중요성은 초기불교에서도 자주 언급되었습니다. 타인에게 재물을 베푸는 일은 천상에 태어나는 복을 짓고, 현생이나 다음 생에 유복한 삶의 과보를 가져온다고 믿었습니다. 부유한데도 타인에게 인색하여 혼자서 독식하는 것은 파멸의 문이라고 꾸짖었습니다. 외롭고 궁핍한 이들이 와서 도움을 청하거든, 반드시 도와주어야 한다고 강조했습니다.

남에게 베푸는 보시에는 옷이나 음식 같은 재물을 내주는 재시(財施)가 있고, 가르침이나 진리를 베푸는 법보시(法布施)가 있습니다. 이 중 법보시를 더 중요하게 여겼습니다. 중생의 괴로움을 근본적으로 해결하는 데 도움을 주기 때문이지요. 마지막으로 부처님이나 보살이 중생을 두려움으로부터 보호하여 그의 마음을 편안하게 해 주는 무외시(無畏施)가 있습니다.

『금강경』에서 말하는 보시행이 특별한 점은, "어떤

대상에도 집착 없이 보시해야 한다"라고 밝힌 부분입니다. 보살의 마음이 어딘가에 머무르는 일이 없어야 한다는 뜻이지요. 그것을 보충하여 설명하는데, "형색에 집착 없이 보시해야 하며 소리·냄새·맛·감촉·마음의 대상에도 집착 없이 보시해야 한다"라고 말하고 있습니다. 갑자기 왜 형색이나 소리나 냄새 등이 언급되는지 의아합니다. 그 이유를 살펴보도록 하겠습니다.

우리 몸에 있는 눈·귀·코·혀·몸의 다섯 가지 감각 기관, 그리고 마음을 합쳐서 '육근(六根)'이라 부릅니다. 육근은 외부 세계의 대상들이 들어오는 창문과 같습니다. 그것을 가장 근본적인 것으로 여겼기 때문에 '근(根)'이라는 용어를 썼습니다.

육근을 통해 우리는 바깥에 있는 대상이나 사물을 파악합니다. 즉 형태나 색깔·소리·냄새·맛·촉감 등을 지각하게 됩니다. 여기에 '마음에 떠오르는 대상'을 합쳐서 '육경(六境)'이라 부릅니다. 육근이 육경을 만나 부딪히면 안식·이식·비식·설식·신식·의식의 '육식(六識)'이 생겨납니다.

사실 우리는 눈·귀·코·혀·몸의 감각 기관을 통해

매 순간 바깥세상의 정보들을 접하고 있습니다. 우리 몸은 일종의 센서인 셈이지요. 형색·소리·냄새·맛·촉감 등은 우리가 지각하는 일종의 데이터입니다. 우리의 의식은 데이터를 처리하는 일종의 정보 처리 과정이라 볼 수 있습니다.

부처님께서는 해 질 무렵 우루벨라에서 불을 섬기는 가섭 형제를 데리고 산에 올라 저녁노을로 불타는 하늘을 바라보며, "비구들이여, 온 세상이 불타고 있다. 눈이 불타고 있다. 눈에 보이는 색깔과 형태가 불타고 있다. 눈의 인식이 불타고 있다"라고 말씀하셨습니다.

내 눈에 불이? 불길이 타오른다는 표현에 놀랄 수도 있겠습니다. 그런데 우리가 사는 세상이야말로 불꽃 튀는 세상 아닌가요? 남들보다 먼저 좋은 것을 얻기 위해 그야말로 혈안이 되어 있습니다. 눈앞의 멋진 사람에게 눈이 멀기도 합니다. 좋은 소리에 귀가 멀거나 향기에 취하고, 맛있는 음식에 정신을 잃고, 부드러운 감촉을 탐닉하며, 우리의 마음은 곧바로 그것을 향해 달려갑니다. 한시도 쉬지 않고 그 대상을 쫓아 이리저리 분주합니다. 무언가를 성취하기 위해 몸이 망가지는 줄 모르고, 주변 사람을 돌아볼 줄도 모릅니다. 내 마음에 탐욕의 불길이 치솟는 것도 모르고 무작정 내달리는 격입니다.

대상의 인식을 둘러싼 불교적 해명은 그것을 지각하는 일이 '나'라는 자아의 관념을 중심으로 이루어진다는 사실을 포착합니다. '나'에게 좋은 것은 갖고 싶은 욕망을 부르고, 좋지 않은 것은 싫어하고 미워하는 마음을 부릅니다. 욕망하는 대상을 항상 내 뜻대로 얻을 수 있는 것은 아닙니다. 얻지 못하면 어찌 되나요? 세상에 나만큼 불행한 사람은 없는 듯 괴로워집니다. 다행히 원하는 것을 얻으면 즐겁고 행복하지만, 그 행복은 지속되는 것이 아닙니다. 언젠가 사라지기 마련입니다. 나보다 더 좋은 것을 가진 사람이 눈에 띄기도 합니다. 그럴 때면 나의 즐거움은 그만 온데간데없이 사라지고 맙니다.

싫은 느낌의 것을 피하고 싶지만, 그것도 내 뜻대로 되는 것이 아닙니다. 눈에 띄면 그만 화가 나고 분노가 치솟습니다. 화를 내거나 분노하는 일은 내가 원하는 상태를 유지하려는 또 다른 욕망의 표현일 테지요. 내 뜻과 어긋나기 때문에, 화도 나고 분노도 치밉니다. 이래저래 산다는 것은 괴로움의 연속입니다.

이처럼 괴로움의 근원에는 언제나 대상에 대한 인식의 문제가 놓여 있습니다. 눈으로 보고, 귀로 듣고, 코로 냄새 맡고, 입으로 맛보고, 피부로 만지고, 마음으로 생각하는 세계 속에 우리는 살고 있습니다. 대상을 접할 때마다 갖가지로 분별하면서 욕망을 부르고 집착하게 됩니다. 거기에다 '예전에도 이것은 좋았어', '그때도 저것은 싫었지'라며 저장된 과거의 옛 기억마저 덧붙여지면, 우리의 느낌과 생각 그리고 욕망은 너무도 분명해서 확고부동한 것이 되고 맙니다.

여러분의 마음은 지금 어디로 줄달음치고 있나요? 바깥 경계의 대상에 마음을 빼앗기지 말고, 그것을 향한 욕망의 불길을 거두어야 합니다. 안과 밖이 모두 고요할 때, 평온한 마음으로 자신과 세상을 마주할 수 있습니다.

이제 보살의 보시행 이야기로 돌아와 볼까요? 보살은 "형색에 집착 없이 보시해야 하며 소리·냄새·맛·감촉·마음의 대상에도 집착 없이 보시해야 한다." 이 구절의 의미를 조금이나마 이해할 수 있을 것입니다. 여섯 가지의 대상, 그 경계 어디에도 머무르지 않아야 한다는 뜻입니다.

이와 동일한 형태의 구문이 「제10장엄정토분」에서 반복됩니다. 보살의 마음은 "형색에 집착하지 않고 마음을 내어야 하고 소리·냄새·맛·감촉·마음의 대상에도 집착하지 않고 마음을 내어야 한다. 마땅히 집착 없이 그 마음을 내어야 한다." 혜능의 마음을 사로잡았던 "응무소주이생기심"은 바로 이 대목에서 등장하고 있습니다. '머물지 말아야 한다'의 숨겨진 의미는 형색·소리·냄새·맛·감촉·마음의 대상이었던 것입니다.

예를 들자면 보시를 받는 상대방의 지위가 높고 낮음을 구분하여 행하는 보시는 형색·소리·냄새·맛·촉감·현상에 머물러 행하는 보시가 됩니다. 누구에게는 베풀고 누구에게는 베풀지 않았다가는 공연히 문제만 일으키기 쉽습니다. 골고루 누구에게나 베풀어야 합니다. 보시하는 물건의 좋고 나쁨을 가려서 베푸는 일도 마찬가지입니다.

보시는 어떤 보상이나 대가를 바라는 계산적인 주고받음이 아닙니다. 보험이나 뇌물의 성격으로 베푼다면 당장은 좋을 수 있어도 그 결과가 좋을 리 없지요. 부정한 방법으로 취득한 재물을 남에게 인심 쓰듯 베푸는 것도 삼가야 합니다. 보시를 받는 사람, 보시하는 물건, 보시를 하는 사람, 세 가지가 모두 청정해야 합니다. 이것을 '삼륜청 정(三輪清淨)의 보시'라고 부릅니다.

보다 궁극적으로 보살의 보시는 '나'라는 생각에 머 물지 않아야 합니다. '베풀었다'는 생각에도 머물지 않아 야 합니다. 보살에게 중생을 제도하였다는 생각이 없어야 하듯이 말이지요. 조건 없이 베풀고, 베풀고 나서는 '베풀 었다'는 생각 자체를 버리는 것이 좋습니다. 좋은 마음으 로 베풀었어도, 나중에 상대방에게 서운한 마음이 생겨나 는 것은 '베풀었다'는 생각이 남아 있기 때문입니다. 이처 럼 '머무름이 없는 보시'를 '무주상보시(無住相布施)'라 하 여 보시 가운데 가장 귀하게 여기고 있습니다. 『금강경』 에서 가르치는 참다운 보시행은 바로 여기에 담겨 있습 니다.

보시의 마음에는 자비심이 놓여 있습니다. 타인에게 즐거움을 주고자 하는 마음, 타인의 고통을 없애 주고자 하는 마음입니다. 베푸는 행위로 타인이 즐거워하는 것을 보고 함께 기뻐하는 마음에서 생겨납니다. 그것은 모든 것을 평등하게 대하는 마음에서 흘러나옵니다. 높은 산이 든 낮은 산이든 골고루 비추는 태양과 같습니다. 진정한 보시는 그 대상의 높고 낮음을 구분하지 않고 평등하게 대하는 마음입니다. 나와 친한 사이라 해서 보다 좋은 것을 베풀고, 모르는 사이라 해서 나 몰라라 하지 않습니다. '나'가 베풀었다는 생각도 없고, 자신의 보상을 바라지 않는 마음, 보시의 공덕마저 중생에게 되돌려 주는 마음이라고 할 수 있습니다.

법에 대한 집착

"세존이시여! 이와 같은 말씀을 듣고 진실한 믿음을 내는 중생들이 있겠습니까?"

「제6정신희유분」에서 수보리가 부처님께 여쭈었습니다. 자신은 부처님 말씀을 직접 들어서 받아 지니게 되었지만, 먼 훗날 세월이 지난 후에도 이 경전의 말씀을 듣고 믿음을 내는 이가 있을지 걱정이 되는 모양입니다.

부처님께서는 "여래가 열반에 든 오백 년 뒤에도 계를 지니고 복덕(福德)을 닦는 이"들이 있어 진실한 믿음을 일으킬 것이라고 답하십니다. 그 사람은 한 부처님이나 두 부처님께 선근을 심었을 뿐만 아니라, 오랜 과거생에 이미 한량없는 부처님 처소에서 뭇 선근을 심었으므로, 이 말씀을 잠깐 듣고서도 청정한 믿음을 낼 수 있다고 하시는군요.

'오백 년 뒤(後五百歲)'를 그야말로 부처님이 돌아가시고 '오백 년이 흐른 뒤'라는 시간적 의미로 해석하는 견해가 있습니다. 부처님의 탄생을 기원전 5~6세기로 잡고 있으니, 80년 수명을 누리고 입멸하신 뒤 오백 년이 지났다면, 기원후 1~2세기 무렵으로 추산할 수 있습니다. 마침 그 시기는 대승불교의 발흥과 겹쳐지는군요. 부처님의 가르침, 그 참뜻으로 돌아가야 한다는 시대적 절박함이 묻어 있는 말로 보입니다.

또한 불법의 성쇠를 오백 년 단위의 다섯 단계로 나누고, 그중 '마지막 오백 년'을 가리킨다고 해석하는 견해가 있습니다. 그 구분에 따르면, 해탈을 얻는 이가 많은 오백 년(解脫堅固), 선정을 닦는 자가 많은 오백 년(禪定堅固), 불법을 듣는 자가 많은 오백 년(多聞堅固), 탑과 절을 짓는 이가 많은 오백 년(塔寺堅固), 자신의 주장만 옳다고 고집하며 서로 다투는 오백 년(鬪諍堅固)이 있습니다. 서로 다투기만 하는 말법(末法)의 시대에도『금강경』을 듣고 믿음을 일으키는 자가 있을지 걱정은 걱정이네요.

'나'라는 자아의 관념을 버리라고 하니, 놀라고 의심하는 마음이 생겨날 것입니다. 내가 이렇게 있는데 왜 없다는 것이냐, 역정이 날 수도 있습니다. 말도 안 되는 소리라고 비방할 수도 있습니다. 그러니『금강경』을 듣고 믿음을 내는 자가 있다면 참으로 희유한 사람이라고 할 수밖에요. 지금 『금강경』을 알고자 하는 마음을 일으킨 여러분도 희유한 분들입니다. 오래전 과거 생에 수많은 선근을 심었기 때문인지도 모르겠습니다.

보다 근본적인 이유는 보살에게 '나'라고 하는 관념이 없듯이, 그들에게도 "자아가 있다는 관념, 개아가 있다는 관념, 중생이 있다는 관념, 영혼이 있다는 관념이 없고, 법이라는 관념이 없으며 법이 아니라는 관념도 없기 때문"입니다. 자아에 대한 네 가지 관념은 앞에서 다루었으니 이해하는 데 별 무리가 없을 것이고, 이번에 문제가 되는 것은 '법이다', '법이 아니다' 하는 관념이 되겠군요.

'법'이란 붓다의 '가르침'·불교의 '진리'를 나타내는 용어입니다. 부처님이 깨달으신 삼법인(三法印)·사성제(四聖諦) 등을 모두 '법'이라 부릅니다. 초기불교 경전은 선한 법은 마음에 지니고 선하지 않은 법은 버리라고 누누이 강조합니다. 더러운 것은 버리고 깨끗한 것을 취하며, 그른 것은 버리고 올바른 것을 취하라고 하지요. 선과 선하지 않은 것, 법과 법이 아닌 것을 명확히 분별해야 합니다. 그런데 지금 『금강경』에서는 법이라는 관념도, 법이 아니라는 관념도 갖지 말라고 말합니다. 완전히 다른 말을 하고 있습니다. 붓다의 가르침을 바라보는 시각이 달라진 것입니다.

천하에 다시 없을 악한 행동을 한 사람이 있다고 가정해 봅시다. 악한 행위를 한 것은 분명한 사실이지만, 태어날 때부터 그 사람이 악인이었던 것은 아닙니다. 본래부터 악인의 성품이 있었던 것이 아니지요. 그가 처한 상황과 조건이 그렇게 만들었다고 볼 수 있습니다. 다른 상황과 조건이었다면 다르게 행동할 수 있었을 것입니다. 세상에는 원래 선한 이도 없고, 원래 악한 이도 없습니다. 선과 악에 어떤 실체가 있는 것이 결코 아닙니다. 이것이 대승불교가 주목한 새로운 불교 해석의 길이었습니다.

소승불교에서는 이 세상의 더러움을 버리고 청정함으로 나아가라고 말했지만, 대승불교에서는 더러움도 청정함도 본래의 성품이 없다고 말합니다. 그러니 깨끗하게 닦아야 할 것도 처음부터 없는 것입니다. 고정되어 변하지 않는 것은 없다는 것이 부처님 말씀의 핵심이 아니었습니까? 대승불교는 이제 모든 분별을 버리라고 외칩니다. 선과 악, 깨끗함과 더러움, 옳은 것과 그른 것을 이분

법적으로 구분하는 사고방식을 날려 버립니다. 그러한 사고방식에 전제된 모든 관념에 그것의 성품이 없음을, 실체가 없음을 주목하게 되었기 때문입니다.

『금강경』에서는 이것은 '법이다', 저것은 '법이 아니다' 판단할 때, 그러한 생각에는 언제나 '나'라는 관념이 깔려 있다는 것을 적나라하게 드러냅니다. 내가 보기에, 내 느낌에, 내 생각으로는…. 그 마음의 밑바닥에는 언제나 '나'를 중심으로 하는 자기중심적 사고가 작동합니다. 그러므로 법이라는 관념을 갖는다면, "자아·개아·중생·영혼에 집착하는 것"이라고 할 수 있습니다. 법이 아니라는 관념도 나의 관점을 중심으로 아니라고 분별하고 판단한 것이므로, "자아·개아·중생·영혼에 집착하는 것"이 됩니다.

더욱이 "이것이 부처님의 말씀, 부처님이 설하신 진리"라고 말하는 순간, 우리는 그 말씀과 진리에 집착하는 마음을 일으킬 것이 불 보듯 뻔합니다. "이것이 법이다"라고 보는 순간, 어떤 진리와도 만날 수 없습니다. "이것이 옳다"라고 생각하는 순간, 어떤 이도 인정할 수 없고 타협할 수 없습니다. "이것이 참된 종교이다"라고 믿는 순간, 다른 어떤 종교와도 공존할 수 없으며, 종교라는 이름으로 전쟁까지 불사합니다. 외눈박이가 되고 마는 것입니다.

이 세상에서 '나'에 대한 관념만큼 뿌리 깊고 무서운 것이 '진리'에 대한 믿음이 아닐런지요. 지금 『금강경』에서는 그 집착을 버려야 한다고 말합니다. 법이라 부르는 것조차 하나의 이름일 뿐입니다. 궁극적으로는 해탈과 열반 역시 이름일 뿐입니다. 그러므로 이렇게 말합니다.

"나의 설법은 뗏목과 같은 줄 알아라. 법도 버려야 하거늘 하물며 법 아닌 것이랴!"

이것은 「전유경(箭喩經)」에 등장하는 '뗏목의 비유'입니다. 뗏목을 타고 강을 건넌 사람이 뗏목을 버리지 못하는 어리석음을 깨우쳐 줍니다. 강을 건널 수 있도록 도와주었으니 귀하고 소중한 것임이 틀림없습니다. 그렇다고 해서 강을 건넌 후에도 그 뗏목을 짊어지고 갈 수는 없습니다. 버려두고 가야 합니다. 피안의 저편으로 강을 건넜거든 불법이라 할지라도 버릴 줄 알아야 합니다.

우리의 모습은 어떤가요? 도움을 준 것이어서, 언젠가 다시 쓰일지 몰라서 지니지도 못할 정도로 버거운 것들을 짊어지고 있지는 않나요? '법다운 것'도 버려야 하는데, 하물며 '법답지 않은 것'은 말해서 무엇 하겠습니까. 법이든 법이 아닌 것이든, 덕지덕지 짊어지는 일은 없어야 합니다.

'이것이 부처님의 법이다'라는 관념이 사라졌을 때, 진정한 부처님의 가르침이 드러납니다. "이것은 수행에 이로운 법이고, 저것은 해로운 법이다." 이와 같이 나누고 구분 짓는 마음을 내려놓을 때 대승의 깨달음이 밝게 빛납니다. 『금강경』의 논법대로 말한다면, "선법이라는 것은 선법이 아닌 까닭에 여래께서 선법이라 하신 것"입니다. '법'과 '법 아닌 것'을 분별하는 마음부터 내려놓아야 합니다. 그것이 대승의 가장 높고 바른 깨달음입니다.

여래의 형상

'여래(如來, tathāgatha)'는 부처님을 부르는 이름입니다. 글자 그대로 분석해 보면, '그와 같이(tathā) 오신 분(āgata)'이라는 뜻입니다. '그와 같이(tathā) 가신 분(gata)'으로 해석할 수도 있습니다. '그와 같이 왔다가 그와 같이 가신 분'이라는 의미인 '여래여거(如來如去)'를 줄여서 여래라고 불렀습니다. '그와 같이'라는 말이 좀 이상한가요? '진리 그대로', '진여와 같이'라고 이해하면 좋습니다. 최상의 진리는 온 것도 없고 간 것도 없으며, 생겨남도 없고 사라짐도 없습니다. 언제나 늘 여기에 '그와 같이' 있습니다.

　여래를 부르는 이름에는 여러 가지가 있습니다. 세상의 공양과 존경을 받을 만한 분(應供), 올바른 깨달음을 얻으신 분(正遍知), 앎과 행위가 완전한 분(明行足), 세상을 완전하게 이해하신 분(世間解), 잘 가신 분(善逝), 더 없이 최상이신 분(無上士), 신과 인간의 스승(天人師), 사람을 길들이시는 분(調御丈夫), 세상에서 존귀하신 분(世尊)을 합쳐서 '여래십호(如來十號)'라고 부릅니다.

인도에서 처음부터 불상이 만들어진 것은 아닙니다. 卍 자·보리수·발자국으로 대신하여 상징적으로 표현했습니다. 불상이 만들어지기 시작한 것은 기원전 1세기 무렵부터라고 합니다. 그 시대의 가장 이상적인 형태로 부처님의 모습을 구현하고자 했을 것입니다.

여래의 모습을 보통의 인간과 다르게 표현한 것은 당연하겠지요. 그 가운데 부처님의 모습이 지닌 32가지 특징이 전해 오고 있습니다. 세세한 것까지 합치면 80개나 되어서 '32상 80종호'라고 부릅니다. 예를 들면, '발바닥에는 수레바퀴 모양의 문양이 있고', '손이 무릎에 닿을 만큼 길며', '손과 발에는 물갈퀴 같은 막이 있고', '귓불이 어깨에 닿으며', '혀가 턱에 닿을 만큼 길고', '보통 사람의 이보다 많은 40개의 이'가 있다고 합니다. 만약 부처님의 형상을 이대로 상상해 본다면 상당히 기이한 모습이 될 수밖에 없겠습니다. 하지만 이것이 고대 인도에 전해진 전설적인 이상형의 모습이었다고 하네요.

「제5여리실견분」에서 부처님은 수보리에게 "(32가지의) 신체적 특징을 가지고 여래라고 볼 수 있는가?"라고 묻고 계십니다. 수보리는 총명한 제자답게 여래를 볼 수 없다고 대답합니다. 그 까닭은 "여래께서 말씀하신 신체적 특징은 바로 신체적 특징이 아니기 때문"이라고요. 우리의 수보리! 정말 훌륭합니다. 부처님의 마음을 벌써 알아차렸습니다. 『금강경』의 논법을 자유자재로 구사합니다.

우리가 바라보는 여래의 형상이 여래의 본질이라고 말할 수 없습니다. 부처님께서 말씀하신 여래의 형상은 여래의 형상이 아닌 것입니다. 신체적 모양이나 특징에서 여래를 본다면 그 형상에 집착하는 마음을 불러옵니다. "범소유상 개시허망 약견제상비상 즉견여래(凡所有相 皆是虛妄 若見諸相非相 卽見如來)." 무릇 형상 있는 모든 것은 허망한 것이니, 모든 형상이 형상이 아님을 본다면 곧 여래를 볼 것이라는 이 구절이야말로 『금강경』의 핵심을 가장 잘 표현하고 있습니다. '허망'이란 '헛되다', '진실하지 않다'는 뜻입니다. 실제가 아닌 것을 실제로 있는 것처럼 알고 있으니 헛되다는 것입니다.

「제26법신비상분」에서 부처님은 수보리에게 다시 묻습니다.

"수보리여! 그대 생각은 어떠한가? 32가지 신체적

특징으로 여래라고 볼 수 있는가?"

"그렇습니다. 32가지 신체적 특징으로도 여래라고 볼 수 있습니다." 수보리가 대답합니다. 이를 어쩌나! 수보리가 틀린 답을 해 버렸네요. 일부러 오답을 낸 것일까요?

그러자 부처님은 "32가지 신체적 특징으로도 여래라고 볼 수 있다면 전륜성왕도 여래겠구나!" 일침을 놓습니다. 가장 위대한 왕으로 불리는 전륜성왕도 여래와 마찬가지로 32상을 갖추었다고 합니다. '아차!' 그제서야 수보리는 신체적 특징을 가지고는 여래를 볼 수 없다고 대답을 바꿉니다. 이 대목에 등장하는 유명한 사구게(四句偈)가 하나 있습니다.

약이색견아(若以色見我)　　형색으로 나를 보거나
이음성구아(以音聲求我)　　음성으로 나를 찾으면
시인행사도(是人行邪道)　　삿된 길을 걸을 뿐
불능견여래(不能見如來)　　여래 볼 수 없으리.

여래의 몸은 금빛이나 수미산 같은 모습에 있는 것이

아닙니다. 형상과 소리를 좇지 않아야 합니다. 32상에 갇혀 여래의 모습을 보고자 함은 오히려 삿된 도를 행하는 것입니다. 모든 형상이 형상 아님을 볼 때 곧 여래를 볼 수 있습니다. 색신(色身)으로서 여래의 몸을 볼 것이 아니라, 세상 어디서나 빛나는 붓다의 가르침, 즉 법신(法身)으로서의 여래를 보아야 합니다. 여래의 모습은 가르침의 법을 몸으로 하고 있습니다. 풀이나 나무, 하늘과 구름 속에서도 여래의 몸을 볼 수 있습니다. 몸의 형상에 여래를 가둘 필요는 없습니다. 여래는 우주 법계 어디에나 두루 존재합니다. 삼라만상 속에 깃든 부처님을 보지 못한다면, 여래를 보아도 본 것이 아닙니다.

우리가 불상을 바라볼 때도 그 마음이 어떠해야 하는지 생각해 볼 일입니다. 법당에 계신 부처님 형상을 보고 기도하는 일은 물론 복을 짓는 일이지만, 그 형상에 의지하여 자신의 소원이 성취되기를, 가피를 내려 주시기를 기도하는 것은 어리석은 일입니다. 내 마음속 번뇌와 어리석음을 깨뜨리고 부처님의 가르침으로 살 수 있기를 기도해야 합니다. 법당의 불상 속에 부처님이 있는 것이 아니기 때문이지요. 진실한 여래의 모습은 부처님의 가르침

속에 있습니다.

간혹 꿈에 부처님을 보았다고 말하는 사람을 볼 수 있습니다. 거대한 모습을 보았다거나 미소 짓는 모습을 보았다는 것입니다. 불교 공부를 하는 사람들에게 여래를 보는 일만큼 기쁜 일이 어디 있겠습니까. 거룩한 모습을 보았으니, 자랑하고 싶은 마음이 생겨나는 것은 당연합니다. 그럴 때면 대부분 "그냥 흘려 버리세요"라고 충고해 주시는 분들이 많습니다. '부처님을 보았다'는 생각이나 관념에 집착해서는 안 된다는 뜻입니다. 불교 공부에 오히려 방해가 됩니다. '나는 꿈에 여래를 본 사람이야'라는 이상을 일으킨다면 더욱 곤란합니다. 자신의 마음이 빚어낸 일로 보는 게 적절합니다.

옛 선사들은 "부처를 만나면 부처를 죽여라"라고 했습니다. 모든 상의 타파에는 예외가 없었습니다. 부처가 되었든 여래가 되었든, 어떤 것에 마음이 집착하는 순간 그만큼 진리에서 멀어지게 됩니다.

여래의 형상을 보는 일은 「제5여리실견분」, 「제10장엄정토분」, 「제13여법수지분」, 「제20이색이상분」, 「제26법신비상분」 등에서 반복적으로 언급됩니다. 『금강경』이 성립하던 시기에 이 사안은 상당히 중요한 문제로 부각되었던 모양입니다. 불탑을 세우고 불상을 조성하는 종교생활에서 부처님을 뵙겠다는 염원으로 간절히 수행할 때, 일념으로 염원하다 보면 마음이 삼매에 들고, 삼매 속에서 여래를 보는 일이 있었을 것입니다. 그러한 종교 체험을 추구하는 집단에게 『금강경』이 던지는 메시지는 매우 단호합니다.

"형상으로 여래를 보고자 한다면 삿된 길을 걸을 뿐이다."

여래의 형상이라 할지라도, 그것은 여래의 진실한 모습이 아닙니다. 모든 형상은 허망한 것입니다. '내가 여래를 보았다'는 생각이나 관념을 일으키는 것은 그야말로 허망한 집착입니다.

이 대목에서 목불(木佛)을 불쏘시개로 쓴 객승의 이야기 하나가 무척 흥미롭게 다가옵니다. 당나라 시절 단하 천연(丹霞天然, 739~824) 선사의 이야기입니다. 어느 겨울날 그는 낙양의 혜림사(慧林寺)에 잠시 머무르게 되었습니다. 갑자기 눈이 많이 왔는데 원주는 객승의 방에 불을 지펴 주지 않았지요. 하도 추워서 단하 스님이 방에 불을 넣으려고 했지만 땔나무가 하나도 없었습니다. 법당에 가 보니 나무로 된 불상이 하나 모셔져 있군요. 그는 목불을 가져와 쪼개어 아궁이에 불을 땠습니다. 이 사실을 알게 된 절의 원주가 그의 멱살을 잡으며 고래고래 소리쳤습니다.

"아니, 이놈! 불상을 불쏘시개로 쓰다니, 네가 지금 제정신이냐?"

화가 나서 펄쩍펄쩍 뜁니다. 그러자 선사는 천연덕스럽게 말합니다.

"급하게 찾을 것이 있어서 그리하였소."

선사는 태연하게 부엌 아궁이로 가서 뭔가를 찾는 흉내를 내며 말합니다.

"부처님 사리를 찾는 중이오."

이 말을 들은 원주가 말합니다.

"아니, 나무로 만든 부처에 무슨 사리가 있단 말이냐?"

"그러면 마저 불을 때야겠군. 사리도 나오지 않는 부처가 무슨 부처라고 펄쩍펄쩍 뛰고 그러시오?"

나무로 된 부처에 무슨 사리가 있겠느냐. 원주도 이

미 알고 있습니다. 목불 속에 부처가 있는 것은 아니라는 것을. 한 객승의 객기로 볼 수 있는 이 이야기는 여래의 형상을 대하는 원주의 마음을 보기 좋게 깨트리고 있습니다. 불로 태워 사라지는 것이 여래라고 한다면 그것이 어찌 진정한 여래라고 할 수 있겠습니까? 여래의 형상으로 여래를 보고자 하면 여래를 볼 수 없습니다. 『금강경』의 사구게가 눈 덮인 사찰에 쩌렁쩌렁 울리는 것 같습니다.

수행자의 단계

깨달음을 얻기로 발심했다고 해서 곧바로 깨달음을 얻는 것은 아닙니다. 한 단계 한 단계 수행의 과정을 거쳐야 합니다. 산에 오를 때 멀리 보이는 산봉우리를 바라보는 것만으로 정상에 오를 수 없듯, 한 걸음 한 걸음 밟아 올라야 합니다. 한참을 올라야 도시의 아파트 건물을 뒤로 한 채 오롯한 숲길을 걸을 수 있습니다. 오르막도 있고 내리막도 있습니다. 끝도 없이 올라가야 마침내 정상에 도달합니다. 제일 어려운 것은 등산로 입구를 찾는 일인 것 같습니다. 아는 길이라면 어렵지 않지만, 초행길이라면 어디서 등산로가 시작되는지 알 수가 없습니다. 직접 다녀온 사람들의 이야기를 듣거나, 인터넷 검색을 통해 다녀온 사람들의 사진과 이야기를 살펴보아야 합니다. 그러지 않으면 입구를 찾지 못해 한참을 헤맬 수밖에 없습니다.

수행자에게도 깨달음의 입구를 찾는 일이 중요합니다. 첫 번째 단계를 '흐름에 들어간 자'라고 부르고 있네요. 이를 '수다원(須陀洹)'이라고 하는데, 그 의미를 살려 '예류(預流)'·'입류(入流)'라고 합니다. 깨달음을 얻고자 발심한 수행자가 이제 막 수행의 흐름에 들어간 것입니다. 등산로 입구를 제대로 찾은 것과 같습니다. 수행의 흐름에 들어간 경지이므로 더 이상 삼악도(三惡道)에 떨어지지 않지만, 곧바로 깨달음을 얻는 것이 아닙니다. 천상계와 인간계를 일곱 번 왕래하고 난 뒤에야 최고의 경지에 오를 수 있습니다. 수다원의 경지에 오른다면 당연히 '내가 첫 관문을 통과했다!'라고 외치며 무척 기뻐할 것 같습니다.

　　그런데 『금강경』에서는 수다원의 경지를 얻은 자가 '나는 수다원에 들었다'라는 생각을 낸다면 그는 수다원이 아니라고 말합니다. 그런 생각을 일으킨다면 그에게 '나'라고 하는 관념, 즉 아상·인상·중생상·수자상이 남아 있는 것이라고 하는군요. 또한 형색·소리·냄새·맛·감촉·마음의 대상에 들어가지 않는 것을 '수다원'이라 한다고 설명합니다. 외부의 대상과 부딪혀도 마음이 그것에 머무르지 않는다는 뜻입니다. 그러므로 수다원은 수다원이 아닌 까닭에 수다원이라 부릅니다. 수다원이라는 것은 결국 이름일 뿐입니다.

　두 번째 단계는 '한 번 돌아오는 자', '사다함(斯陀含)'
입니다. '일래(一來)'라고 의역합니다. 이 단계의 수행자는
더 이상 업을 짓지 않지만, 미세한 업이 아직 남아 있으므
로 욕계에 한 번 더 돌아와서 수행해야 합니다. 그럼 다시
윤회의 굴레에 빠지지 않습니다. 최고의 경지는 천상계에
서 이루어지지 않습니다. 너무나 안락해서 깨닫고자 하는
욕구를 일으키지 않기 때문입니다. 그런 사다함의 경지에
이른 자에게 '나는 사다함을 얻었다'라는 생각이 일어날
까요? '이제 한 번만 갔다 오면 된다'는 생각이 일어날까
요? 그렇다면 그는 사다함이 아닌 것입니다. 사다함이라
는 이상을 떨치지 못했기 때문입니다.

　세 번째 단계는 '되돌아오지 않는 자', '아나함(阿那
含)'입니다. '불래(不來)'·'불환(不還)'이라고 합니다. 미세한
업의 습기마저 끊어 버렸기 때문에 그에겐 남아 있는 것
이 없습니다. 따라서 더 이상 윤회하지 않습니다. 이번 생
을 마치고 태어나는 곳은 색계나 무색계이지, 욕계에는
다시 태어나지 않습니다. 그에게도 '나는 아나함의 경지
를 얻었다'라는 생각은 일어나지 않습니다. 그런 생각이

일어난다면 그는 아나함이 아닌 것입니다.

마지막인 네 번째 단계는 '공양받을 만한 이', '아라한 (阿羅漢)'입니다. '응공(應供)'이라고 합니다. 사찰에 가면 나한전(羅漢殿)을 볼 수 있는데, 이들 아라한을 모셔 놓은 곳입니다. 이 말은 원래 '죽이다(√han)'라는 동사에서 파생되었습니다. 그래서 '살적(殺賊)'이라고 합니다. '도둑을 죽이다.' 갑자기 웬 도둑일까요? 우리들 마음속에 있는 온갖 번뇌들을 도둑이라 부른 것입니다. 모든 번뇌를 없애 버렸으니 아라한은 수행의 단계에서 가장 높은 경지입니다. 아라한의 경지에 오른 그에게는 당연히 '나는 아라한이다'라는 생각이 일어나지 않습니다.

수다원·사다함·아나함·아라한, 이 네 가지 단계를 '소승사과(小乘四果)'라고 부릅니다. 부처님 말씀을 직접 들었던 제자들의 수행 체계를 조직화한 것으로, 초기불교 당시부터 찾아볼 수 있습니다. 이 체계는 대승불교에서 전반적으로 유지되고 있습니다. 『화엄경』과 같은 대승 경전에서는 52위의 독자적인 체계를 구축하기도 합니다.

수행자의 경지에 한 단계 한 단계 도달할 때마다 그들에게는 기쁨이 넘쳐 났을 것입니다. '내가 해냈구나.' 자신이 체험한 경지를 말하고 싶은 욕구도 불쑥불쑥 올라올 것입니다. 하지만 그런 생각은 수행자의 마음을 다스리는 데 장애가 됩니다. 수다원이라는 생각을 일으킨다면, 사다함이라는 생각을 일으킨다면, 아나함이라는 생각을 일으킨다면, 아라한이라는 생각을 일으킨다면, 그는 이미 수다원이 아니고, 사다함이 아니고, 아나함이 아니고, 아라한이 아닙니다. 그와 같은 생각은 자아에 관한 관념, 아상이 남아 있다는 뜻입니다. '보살은 보살이 아니므로 보살'이라는 것을 기억해 보시길 바랍니다. '나는 보살이다'라는 아상을 버려야 하듯이, 수행자는 수다원·사다함·아나함·아라한이라는 아상에 그 마음이 머물지 않아야 합니다.

　제가 아는 한 스님은 절에 오는 신도들에게 항상 그들보다 허리를 낮추고 합장하며 맞아 주셨다고 합니다. 저는 그분을 생전에 뵙지 못했지만, 제자와 신도분들로부터 전해 들은 스님에 대한 기억만으로 그분을 뵌 듯한 느낌을 받습니다. 그분에게 '나는 스님이야'라는 생각이 있었다면, 그렇게 허리를 낮추어 인사해 주지 못했을 것입니다.

'나는 출가 수행자'라는 생각이 굳어지면 마음의 병이 되기 쉽습니다. 절집에서는 '상병(相病)'이라고 합니다. 『금강경』의 설법은 1,250명의 비구들, 이른바 보살마하살이 있는 곳에서 설해지고 있습니다. 수행자의 지위에 올라선 자들이 빠지는 함정을 부처님께서 제일 먼저 경계하고 있는 모습을 그려 볼 수 있습니다.

불교 공부에 나선 사람들 역시 '나는 불교를 공부하는 사람'이라는 생각에 사로잡혀 있지는 않은지 돌아보아야 합니다. 불교를 공부하는 사람이 지녀야 할 몸가짐을 마음에 새기는 것은 물론 좋은 일이지만, 알지 못하는 사이에 그것이 지나쳐서 특유의 몸짓과 행세로 다른 이를 불편하게 할 수 있습니다. 그 생각으로 자신을 타인과 구분 짓고 남다른 행동을 합니다. '불교 공부하는 사람'이라는 생각에 묶여서, 가족과의 관계나 사회적 관계에서 불화를 겪는 일은 없어야 합니다.

부처님의 전생담 속에 담긴 보살들 이야기를 해 볼까요? 석가모니 부처님이 세상에 태어나기 이전, 즉 과거생의 이야기가 『자타카(Jataka)』에 전해집니다. 한 번의 생애만으로 성불한 것이 아니고, 무수히 많은 과거생의 수행이 있었기 때문이라고 생각하게 된 사람들이 수많은 전생 담을 만들어 낸 것이지요.

그 가운데 죽어 가는 노인을 위해 불 속으로 뛰어들 어 자기 몸을 보시한 토끼 이야기도 있고, 새끼를 낳고 굶 주린 호랑이를 위해 자신의 몸을 보시한 왕자 이야기도 있습니다. 시비왕은 재물의 보시에 만족하지 않고, 자신 의 눈을 뽑아 보시하기도 합니다. 자기 몸의 일부, 때로는 목숨마저 버리는 것은 다소 극단적인 형태로 보입니다만, 대승불교에서 타인을 위한 이타행이 그만큼 중요한 덕목 으로 강조되었다는 것을 말해줍니다. '나'라는 관념을 없 애는 것을 최상의 수행으로 여겼기 때문일 것입니다.

이와 같은 보시행과 함께 인욕(忍辱)을 닦는 일이 강 조되었습니다. 고난을 참고 견뎌 내는 것을 인욕이라 합 니다. 『금강경』에 등장하는 부처님의 전생담 중 인욕선인 의 이야기를 들어 보시지요. 가리왕(歌利王)이라는 이름의 왕이 칼링가 왕국을 다스리고 있던 시절의 이야기입니다.

어느 날 인욕선인이 산 중에서 수행하고 있었는데, 가리왕이 신하와 궁녀들을 거느리고 사냥을 하러 나왔습 니다. 사냥을 마치고 노래 부르며 춤도 추던 가리왕은 피

곤해져서 잠이 들었습니다. 그 사이 궁녀들은 주변을 산책하다가 나무 밑에서 좌선하고 있는 인욕선인을 보았습니다. 가까이 가서 보니 한눈에 존경스러운 분임을 알 수 있었습니다. 그의 설법을 들으니 더욱 환희심이 나서 선인의 앞을 떠나지 못했습니다.

　잠에서 깨어난 가리왕이 눈을 떠 보니, 궁녀들이 어디론가 가고 없네요. 어디로 갔는지 찾으러 갔다가 선인 앞에 모여 앉은 궁녀들을 발견했습니다. 화가 난 가리왕은 선인에게 너는 누구냐고 물었습니다. "나는 인욕을 닦는 수행자요." 선인이 대답합니다. "네가 인욕을 닦는다고? 그럼 어디 보자!" 왕은 칼을 들어 선인의 팔을 잘라 버렸습니다. 선인은 소리도 지르지 않고 꿈쩍하지 않습니다. 더욱 화가 난 가리왕은 그만 선인의 사지를 마디마디 잘라 놓고 말았습니다.

　가리왕에 의해서 온몸이 찢겨갈 때, 참고 인내하는 것으로는 그 고통을 참아낼 수 없었을 것입니다. 그러나 인욕선인에게는 아프다거나 괴롭다는 생각이 일어나지 않았다고 합니다. 가리왕에 대한 분노나 원한도 없었습니다. 그에게는 '내 몸이 찢겨진다'라는 생각이 없었던 것입니다. '나'라는 생각, '내가 죽는다'라는 생각이 일어나지 않았으니, 그에게는 본래 참을 것이 없었던 것입니다. 칼이 제 몸을 가르는 것을 허공을 가르는 것처럼 지켜보았을 것입니다.

『금강경』에서 부처님은 옛적에 자신의 온몸이 가리왕에게 마디마디 잘렸을 때, "자아가 있다는 관념, 개아가 있다는 관념, 중생이 있다는 관념, 영혼이 있다는 관념"이 없었다고 말합니다. 만약 그러한 생각이 하나라도 있어 성내는 마음을 냈다면 어찌 성불했겠느냐고 묻고 있습니다.

'어, 좀 심한데…. 부처님의 전생담, 보살들의 이야기니까 그럴 테지….' 이런 마음이 생겨납니다. 하지만 2018년에 돌아가신 티베트의 팔덴 갸초 스님의 사연은 그것이 꼭 옛이야기만은 아니라는 것을 말해줍니다. 스님은 티베트 봉기에 참여한 이유로 중국에서 33년이나 수감 생활을 해야 했습니다. 감옥에서 죽을 만큼 고통스러운 고문도 여러 번 받았습니다. 그런데 스님은 잔인한 고문관에 대한 분노로 자신의 마음이 차지 않기를 기도하며, 그 세월을 버텨 냈다고 합니다. 그에 대한 연민과 자비의 마음을 잃지 않으려고 애썼습니다. 고통받는 자뿐만 아니라

고통을 주는 자도 용서하고 감싸 안아야 한다는 사실, 고문관으로 살아야 하는 상황이 그 사람을 그토록 잔인하게 만든다는 사실을 깊이 이해했습니다. 폭력과 고문에 원한과 증오로 대응하기보다는 보살 수행자로서의 신념을 굽히지 않는 데 자신의 마음을 쏟았습니다. 감옥에서 보낸 세월 동안 많은 고통을 참아야 했지만, 그의 정신은 조금도 묶여 있지 않았던 것입니다. 지금도 살아 있는 보살의 마음입니다.

공덕의 우위

이 세계는 어떻게 만들어졌을까? 우주의 시작은 무엇이었을까? 뜬금없는 생각으로 마룻바닥에 누워 구름 위의 하늘을 올려다보던 어린 시절이 기억납니다. 불교에서는 이 우주가 신에 의해 창조된 것이라고 보지 않습니다. 태초의 시작은 빅뱅의 순간처럼 어느 한 순간에 일어난 것이라고 설명하지 않습니다. 그 시작을 알 수 없는 순간부터, 즉 무시이래(無始以來)로 생겨난 것이라고 말합니다.

한 우주가 시작될 때 허공에는 홀연히 바람이 불기 시작하여 '바람의 수레바퀴' 풍륜이 생겨납니다. 풍륜 위에 구름이 일어나 '물의 수레바퀴' 수륜이 생겨납니다. 다시 수륜 위에 바람이 일어나 표면을 응결시키고 '금의 수레바퀴' 금륜이 생겨납니다. 금륜 위에는 수미산이 솟고, 수미산 바깥으로 일곱 겹의 산이 에워쌉니다. 일곱 겹 산의 바깥에는 바다가 있고 동서남북으로 사대주의 대륙이 있는데, 우리가 사는 곳은 남쪽에 있는 섬부주(贍部洲)입니다. 그 사대주를 외륜산이 막아서며 둘러싸고 있습니다. 이것이 하나의 수미세계입니다.

이 하나의 세계가 천 개가 있으면 소천세계, 소천세계가 천 개가 있으면 중천세계, 중천세계가 천 개가 있으면 대천세계라고 부릅니다. 삼천대천세계(三千大千世界)는 그러니까 하나의 수미세계가 10억 개 있다는 소리입니다. 이것이 부처님 한 분이 다스리는 세계입니다. 정말 셀 수 없이 많은 수의 세계가 펼쳐져 있습니다. 우주에는 천억 개의 별이 있고, 그러한 우주가 다시 천억 개가 있다는 코스모스의 세계를 알고 계시지요? 삼천대천세계는 불교의 '우주적'인 면모가 가장 잘 드러나는 개념입니다.

「제8의법출생분」에서 부처님은 어떤 사람이 삼천대천세계를 금·은·유리·수정·산호·진주·마노와 같은 칠보(七寶)로 가득 채우고 그것으로 보시를 한다면 "이 사람의 복덕이 진정 많겠는가?" 묻고 계십니다. "매우 많습니다, 세존이시여!" 수보리가 대답합니다. 그 이유를 밝히는 것이 수보리답게 아주 훌륭합니다. "왜냐하면 이 복덕은 바로 복덕의 본질이 아닌 까닭에 여래께서는 복덕이 많다고 하셨기 때문입니다."

『금강경』의 핵심적인 가르침, 즉 '○○은 ○○이 아니므로 ○○이라 한다'라는 부정의 논법이 이번에도 반복됩니다. 보살은 보살이 아니므로 보살이라 하고, 보시는 보시가 아니므로 보시라고 합니다. 동일한 단어 ○○이 한 구문에 세 번 등장합니다만, 그 의미에는 조금씩 차이가 있습니다.

'보살은 보살이 아니므로 보살이라 한다.'
'보시는 보시가 아니므로 보시라고 한다.'
'○○$_1$은 ○○$_2$이 아니므로 ○○$_3$이라 한다.'

모두 동일한 형태를 취하는 이 부정의 논법은 우리가 살아가는 언어적 세계가 실제의 모습과 얼마나 다른지를 설파합니다. 『금강경』의 지혜는 '○○'라 불리는 것이 다만 이름일 뿐임을 아는 것에 있습니다. 다분히 역설적으로 보이는 이 구문에 대한 힌트가 삼천대천세계를 가득 채운 보시 이야기 속에 숨겨져 있습니다. '그 복덕은 바로 복덕의 본질이 아닌 까닭에 여래께서는 복덕이 많다고 하셨다'라는 수보리의 대답이 그것입니다.

구마라집은 이 구문에서 '복덕의 본질(福德性)'이라 번역하며, 두 번째 '○○'에 '성(性)'이라는 글자를 붙여 놓았습니다. '성'이라는 글자를 붙인 것은 경전 전체를 통틀어 여기서 딱 한 번입니다. 의도하고 남겨 놓은 것인지, 무의식적으로 흘려 놓은 것인지 분명하지 않습니다. 복덕 '○○₁'과 달리, 두 번째 복덕 '○○₂'는 '복덕의 성품'·'복덕의 본질'을 갖는 것으로 해석하고 있습니다. 세 번째 복덕 '○○₃'은 그야말로 '복덕이라 부르는 이름'의 차원입니다. 복덕이라는 말은 같지만, 세 가지 복덕은 각기 다른 언어적 층위를 갖고 있습니다.

'복덕성'에 해당하는 산스크리트어는 'puṇyaskandhaḥ puṇyaskandha'이고, 현장은 이것을 '복덕 무더기 복덕 무더기(福德聚 福德聚)'라고 번역했습니다. 이런 복덕 저런 복덕, 복덕이라 불리는 성품이나 본질을 갖는 것을 묶어서 부른 것입니다. '복덕성'이라는 구마라집의 번역은 그래서 흥미로운 단서가 됩니다. 이른바 '복덕인 것', '복덕의 본질·성품을 갖는 것'이라는 의미가 비교적 분명해지기 때문입니다.

'복덕'이라는 말은 그와 같이 이름 지어진 것일 뿐, 복덕 그 자체를 드러내지 못합니다. 그렇다고 해서 복덕의 본질·성품이라 불릴 만한 것이 따로 있다는 소리는 아닙니다. 복덕의 성품을 또 다른 실체로 보게 될 우려가 있습니다. 그와 같은 실체는 처음부터 없다는 것이 무아의 이치이고, 그것을 부정의 논법으로 설파하는 것이 반야의 지혜입니다.

『금강경』의 지혜는 이처럼 언어적 분별 이전의 세계를 보지 못하는 어리석음을 깨트려 주고 있습니다. 진실한 세계에 도달하는 길은 우리의 상식을 깨트리는 부정의 방식을 취할 수밖에 없었습니다. 보살이 중생을 구제한다는 생각, 이것이 보시라는 생각, 이것이 복덕이라는 생각을 여지없이 깨트려 줍니다. 부정의 방식을 통해 어떤 생각이나 관념, 그 어디에도 마음이 머물지 않아야 한다는 것이지요. 그러므로 보살은 대승불교의 이상적인 수행자의 모습으로 자리 잡을 수 있었습니다.

복덕이 복덕이 아닌 이상, 그 복덕의 많고 적음을 상대적으로 따지는 것은 무의미합니다. 양나라 무제(武帝)가 달마 대사를 모셔 와 자신의 공덕이 얼마나 되겠느냐 물었을 때, 달마 대사는 한 치의 머뭇거림도 없이 아무런 공덕도 "없다"라고 대답했습니다. 무제는 호법대왕으로 불릴 정도로 많은 절을 짓고 탑을 세운 것으로 유명합니다. 순간 양 무제의 얼굴이 어떠했을지 상상이 되시나요? 그토록 많은 불사를 했는데 아무런 공덕이 없다니…. 자신이 행한 보시의 공덕을 칭송받고 싶었을 터인데, 무척 실망스러운 답변입니다.

『금강경』의 방식대로 말하면, '삼천대천세계를 칠보로 채우고 그것으로 보시하더라도, 그 사람이 얻을 복덕은 복덕이 아닌 것'입니다. 보다 근본적으로 '나는 수도 없이 많은 절을 짓고 탑을 쌓았다'는 생각에는 아상이 남아 있는 것이지요. 그것을 깨우쳐 주려고 달마 대사는 양 무제에게 딱 잘라 말한 것입니다.

양 무제가 행한 엄청난 보시와 달리, 가난한 여인이 있는 돈을 모두 털어 밝힌 등불 하나가 그 어떤 등불보다 밝게 빛났다고 합니다. 복덕의 크기는 보시의 물질적 크기에 비례하지 않는다고 보아야 합니다.

더구나 복덕의 궁극적인 의미는 현생에서 보다 나은 복락을 누리거나 다음 생에 좋은 곳에 태어나는 것에 있지 않습니다. 진정한 복덕은 윤회의 굴레에서 벗어나는 것입니다. 원인과 조건이 갖추어져 일어나는 모든 행위나 조작을 유위(有爲)라 한다면, 아무런 행위나 조작이 없는 것을 무위(無爲)라 합니다. 열반은 대표적인 무위법입니다. 불교에서 최고의 공덕은 무위의 복덕을 짓는 데 있습니다. 아무리 많은 절을 짓고 탑을 세우더라도, 그것은 유위의 공덕일 뿐입니다. 그로 인해 얻게 된 복덕은 인연이 다하면 끝나기 마련입니다. 그러나 무위의 공덕은 생멸의 변화가 없는 것이어서 줄어들거나 사라지지 않습니다. 깨달음을 향한 무위의 공덕을 짓지 못했다면, 아무리 많은 복덕을 지어도 공덕은 없는 것이지요. 무위의 복덕은 많고 적음을 헤아릴 수 없이 큽니다. 또한 그 복덕은 다함이 없습니다.

따라서 불교의 가르침을 베푸는 무위의 공덕은 물질적인 보시와 비교할 수가 없습니다. 아무리 많은 재물을 보시하더라도 그가 얻는 공덕은 『금강경』을 다른 이에게 설해 준 공덕의 백천만 억 분의 일에도 미치지 못한다고 말하지요. 삼천대천세계를 칠보로 가득 채워 보시하더라도, 그 공덕은 어떤 사람이 『금강경』을 베껴 쓰고 받아 지녀 읽고 외우는 공덕에 미치지 못합니다. 『금강경』의 사구게 하나만이라도 다른 사람에게 전하는 이가 있다면, 그 공덕은 훨씬 뛰어난 것입니다. 네 구로 이루어진 게송 하나, 한 문장, 한 구절만이라도 제대로 이해하여 타인에게 설명해 주는 공덕이 더 크다는 것이지요. 그 공덕은 갠지스강의 모래알만큼 많은 목숨을 보시한 것보다 크다고 말합니다. 세상에 짓는 불탑이나 사원은 아무리 많이 지어도 언젠가 무너지고 사라지겠지만, 누군가의 마음에 짓는 것은 그보다 훨씬 오래 가기 때문일 것입니다.

경전을 독송하고 타인을 위해 설명하는 공덕을 이처럼 찬탄하는 것은 대승 경전이 지닌 일반적 특징으로 볼 수 있습니다. 이전까지 경전을 받아 지녀 읽고 외우는 일은 출가자의 몫이었고, 그들은 들은 대로 암송하고 있었으니 경전을 서사할 필요가 따로 없었습니다. 대승불교에 이르면, 재가자들은 부처님 말씀을 읽고 해석하는 중요한 역할을 자처하고 나섭니다. 그러니 경전을 서사하거나 수지하는 공덕을 찬탄하게 되는 것은 당연합니다. 불상이 있는 곳이 아니라, 경전이 바로 부처님 계신 곳이라고 말합니다. 불탑이나 불상에 예배하지 않아도, 언제 어디서든 부처님 말씀이 담긴 경전에서 부처님을 볼 수 있습니다. 종교적인 신앙생활보다 대승 경전의 유포가 더욱 중요하게 부각되었던 것입니다.

이 경전의 불가사의한 공덕이 여러분에게 미치기를 기원합니다. 그러나 '내가 어떤 공덕이나 가피를 받게 될 거야'라는 생각을 지닌다면, 『금강경』을 올바르게 읽은 것이 아닙니다. 공덕은 공덕이 아닌 까닭에 공덕이라 부릅니다. 그러므로 여래는 '얻는 복덕이 많다'고 말씀하셨습니다. 『금강경』을 수지 독송하는 공덕이 크다고 하여 『금강경』이야말로 최고의 경전이라고 주장한다면, 이 또한 『금강경』을 잘못 읽은 것입니다. 이것이 여래의 '법'이라는 관념조차 버리라고 말하지 않았습니까? 모든 집착을 버리고 머무르는 바 없이 마음을 내라는 것이 『금강경』의 가르침입니다. 아무리 진실된 말씀일지라도 집착하는 마음을 일으킨다면 참된 불자라고 할 수 없습니다.

얻을 것이 없다

우리는 보통 부처님께서 6년 고행 끝에 깨달음을 '얻었다'고 표현합니다. 그리고 그 깨달으신 바를 부처님께서 설하신 말씀 가운데 찾으려고 합니다. 과연 어떤 깨달음을 얻으신 걸까요? 부처님 말씀의 핵심을 찾을 수 있다면, 갠지스강의 모래를 다 뒤져서라도 찾아내고 싶습니다. 조각난 파편일지라도 말입니다.

그런 마음을 아셨는지 부처님께서는 "여래가 가장 높고 바른 깨달음을 얻었는가? 여래가 설한 법이 있는가?"라고 묻고 계십니다. 그러자 수보리는 "제가 부처님께서 말씀하신 뜻을 이해하기로는 가장 높고 바른 깨달음이라 할 만한 정해진 법이 없고, 또한 여래께서 설한 단정적인 법도 없습니다"라고 답하고 있습니다. 최상의 깨달음을 얻으신 분이 얻은 바가 없다니, 대체 이게 무슨 말입니까. 허탈하기 짝이 없는 '반전'입니다.

없다고 아무리 말해도 주먹 쥔 손을 펴 보라며 떼쓰

는 아이의 심정이 됩니다. '뭔가 비밀스러운 뜻이 있겠지.' 기대하는 마음을 버릴 수가 없습니다. 부처님은 우리 마음속에 숨겨진 생각을 정확히 읽고 계신 듯합니다.

그처럼 질문하신 이유를 곰곰이 생각해 봅니다. 제가 찾은 이유는 이렇습니다.

첫째, 부처님 말씀은 대기설법(對機說法)이기 때문입니다. 다양한 사연을 지닌 중생들이 찾아와 도움을 청하면, 부처님은 그때마다 그 사람의 상황과 근기에 맞추어 법을 설하셨습니다. 병에 따라 약을 주신 것이지요. 두통에 잘 듣는 약이라고 해서 배 아픈 사람에게 같은 약을 준다면 배앓이가 나을 리 없습니다. 병에 알맞은 약을 처방해야 합니다. 부처님은 그때그때 상황에 맞춰 법을 설하셨으므로 정해진 어떤 법이 따로 있지 않습니다.

둘째, 얻어야 할 법이 있다고 생각하는 것 자체가 문제입니다. 불법이라는 것에 매달리는 그 마음을 경계하신 것입니다. 어딘가에 법이 있다는 생각은 법에 대한 실체론적 관념을 벗어나지 못한 상태입니다. 그것을 얻고자 하는 마음은 또한 강박적인 집착을 불러옵니다. 결정적으로 '이것이 여래의 법이다'라고 설하신 것이 있다면, 그것만이 유일한 경전으로 살아남았겠지요. 불교에 대한 해석은 언제나 열려 있었습니다. 그러므로 팔만사천경이라는 수많은 경전이 우리 앞에 남아 있는 것입니다.

녹야원에서부터 쿠시나가라에 이르기까지 부처님의 40년 설법이 있었지만, 열반에 드실 때 "나는 한 마디도 설한 바가 없다"라고 하셨습니다. '이것이 내가 말하는 진리이다'라고 하여 따로 남기신 바도 없었습니다. 혹시 그런 것이 있었다면 "이것이 여래가 남기신 법이다!" 소리 높여 외치는 사람들로 넘쳐났겠지요. 그렇게 말씀하시는 순간, 중생들은 여래의 법에 꽁꽁 묶이고 마는 것입니다.

『금강경』의 방식대로 말한다면, '가장 높고 바른 깨달음에서 조그마한 법조차도 얻을 만한 것이 없으므로 가장 높고 바른 깨달음'이라고 하는 것입니다. 여래가 설한 법이 있다고 생각하는 자는 곧 "여래를 비방하는 것이니, 내가 설한 것을 이해하지 못했기 때문"이라며 꾸짖고 계십니다. 여래가 설하신 법은 마치 허공을 손으로 움켜쥘 수 없듯 어떤 대상으로 취할 것이 없습니다. 그러니 얻으려는 마음부터 비우라고 말합니다.

여래의 법은 언어로 표현될 수 없거니와 언어로 표현

하는 순간 여래의 법이 아닌 게 됩니다. 깨달을 바가 없음을 아는 것, 이 역설이 곧 깨달음인 셈입니다. 깨달음이란 온 것도 간 것도 아니고, 생겨나는 것도 사라지는 것도 아닙니다. 내 마음을 가리던 구름이 사라지면, 마음은 본래 평온한 것이었음을 알게 됩니다. 탐욕·분노·어리석음의 번뇌로 얼룩진 사이에도 언제나 밝게 빛나고 있는 것이 우리의 마음입니다.

이어서 『금강경』은 부처님의 전생담을 빌어 '얻을 것이 없음'을 이야기합니다. 옛날 옛적 연등부처님이 계시던 시절의 이야기입니다. 부처님이 이 세상에 오기 전에도 여러 명의 부처님이 계셨는데, 연등불은 석가모니 부처님 바로 앞 시대의 부처님입니다. 그때 부처님은 '선혜(善慧)'라는 이름으로 살고 있었습니다.

연등불이 성안으로 오시던 날 모든 사람이 연등불을 맞으러 나갔습니다. 선혜보살도 은전 오백 냥으로 꽃 다섯 송이를 사서 공양을 올렸습니다. 그런데 지나시는 길이 진흙밭이라 선혜보살은 부처님 발이 진흙에 더럽혀질까 봐 걱정되었습니다. 옷을 벗어 덮었으나 모자라자, 엎드려 앉아 자신의 긴 머리카락을 풀어 진흙 위를 덮었습니다. 이를 밟고 지나가시던 연등부처님께선 선혜에게 다음 생에 "석가모니가 되리라"라고 수기를 주셨다 합니다. '수기(授記)'란 스승이 제자에게 다음 생에 증득할 경지와 성불한 뒤 얻게 될 명호를 미리 예언하는 것을 말합니다.

이 연등불의 수기는『금강경』곳곳에서 여러 번 등장합니다. 부처님은 수보리에게 이렇게 묻습니다. "그대 생각은 어떠한가? 여래가 연등부처님 처소에서 얻은 가장 높고 바른 깨달음이라 할 법이 있었는가?"

연등불을 뵙기 전에도 부처님은 한량없는 아승기겁(阿僧祇劫) 동안 무수히 많은 부처님을 만나 공양하였고 헛되이 지나친 적이 없었습니다. '아승기겁'은 그야말로 '셀 수 없이 오랜 시간'을 뜻합니다. 얼마나 큰 수였으면 '셀 수 없다'는 뜻이 숫자의 이름이 되었을까요? '겁(劫, kalpa)' 역시 한 세계가 생겨났다가 사라지는 우주적 시간의 단위입니다. 셀 수 없이 많은 아승기겁 동안에 부처님은 뭇 선근을 심어 놓았습니다.

그러니 단순히 이 하나의 사건만으로 석가모니가 되리라는 수기를 받은 것은 아닙니다. 두 부처님의 시대가 다르니 동일한 어떤 법이 정해진 것은 아니라고 볼 수도 있습니다. 주목해야 할 것은 연등불의 수기에서 선혜보살에게 따로 전하신 법 자체가 없었다는 점입니다. 만약 그랬다면, '연등불께서 미래세에 부처가 되리라는 수기를 주지 않았을 것'이라고 말하고 있습니다. 그 이유로는 "여래는 모든 존재의 진실한 모습을 의미하기 때문"이고, "가장 높고 바른 깨달음에는 진실도 없고 거짓도 없"기 때문이라고 말합니다.

여래가 설한 법은 정해진 어떤 법, 고정된 불변의 것이 아닙니다. 저편 어딘가에서 찾아내야 할 것이 아닙니다. 세상 너머의 세계가 아니라 괴롭고 시끄러운 이편 언덕, 우리들의 삶 속에 있습니다. 이미 이곳에 있는 것이지요. 부처님 법으로부터 무언가를 얻고자 하는 마음부터 내려놓아야 합니다. 자신의 본래 마음을 보는 것에 금빛 같은 부처님 말씀의 핵심이 있습니다. 갠지스강의 모래밭을 헤매고 다닐 필요는 없습니다.

'얻을 것이 없다', '설한 바가 없다'라는 『금강경』의 논법에 익숙해지셨나요? 『금강경』은 모든 종류의 관념을 타파해 왔습니다. 자아에 대한 관념, 대상이라는 관념, 법이라는 관념을 종횡무진으로 깨트려 왔습니다. 어디에도 머물지 말라! '보살'이라는 생각도, '여래'라는 생각도, '공덕'이나 '보시'라는 생각도 버리라고 말합니다. '○○은 ○○이 아니므로 ○○이다'로 시작된 『금강경』은 이제 '얻을 것이 없다', '설한 바가 없다'에 이르렀습니다.

그렇다면 우리가 짓는 공덕이나 보시도 아무 의미가 없다는 뜻이 되나요? 모든 형상은 허망한 것이어서 아무것도 없다는 뜻이 되나요? 자칫 '불교는 모든 것을 부정하는구나'라고 생각하는 사람이 있다면, 『금강경』을 절반만 이해한 것이 됩니다. 그들을 위해 부정에 대한 생각, 그것마저 한 번 더 깨트리는 일이 남아 있습니다. 또 하나의 '반전'이 기다리고 있는 것이지요.

지금 우리 앞에 『금강경』을 설법하는 부처님이 계신다고 상상해 봅시다. "형색으로 나를 보거나 음성으로 나를 찾으면 삿된 길을 걸을 뿐 여래 볼 수 없으리." 목소리가 들리시나요? 여래는 32가지 특징을 갖추었다고 해서 여래인 것이 아니라고 거듭 말씀하십니다.

그런데 만약 어떤 사람이 '그렇구나. 여래는 32상을 갖추었다고 해서 여래인 것이 아니구나'라고 생각하고, 한술 더 떠서 '여래는 32상을 갖추지 않는구나'라고 생각한다면 어찌 될까요? 이는 상당히 삐딱한 해석이지요? 부처님의 말씀을 곧이곧대로 해석한 탓입니다. 저를 포함하여, '얻을 것이 없다'는 구절에서 '처음부터 얻을 것이 없었구나' 하고 허탈해하는 사람도 같은 부류에 속합니다.

이런 견해를 타일러 주기로 작심이라도 한 듯 그런 생각을 하지 말라고 말합니다. 32상을 갖춘 것으로 여래를 본다는 시각도 문제이지만, 32상을 갖춘 것으로 여래를 보는 것이 아니라는 시각도 문제인 것입니다. 형상에 대한 관념을 버리라고 하는 본뜻은 잊고서, 부정의 어구에만 매달려 또 하나의 관념을 만들었기 때문이지요.

바로 이어서 다음과 같은 문장이 등장합니다. "수보리여! 그대가 '가장 높고 바른 깨달음의 마음을 낸 자는 모든 법이 단절되고 소멸되어 버림을 주장한다'고 생각한다면, 이런 생각을 하지 말라. 왜냐하면 가장 높고 바른 깨달음의 마음을 낸 자는 법에 대하여 단절되고 소멸된다는 관념을 말하지 않기 때문이다."

즉 모든 관념의 타파가 단절이나 소멸의 의미는 아니라는 것을 표명하고 있습니다. 여래가 지닌 32상에 대한 우리의 관념을 깨트려야 하는 것은 맞지만, 그렇다고 해서 그 특징이 아예 없다거나 32상을 갖춘 것은 여래가 아니라고 생각하는 것은 거꾸로 된 해석입니다. '~이 아니다'라는 글자에 붙잡힌 것이지요. 그 생각도 버려야 합니다.

세상의 모든 것이 영원히 존재한다고 보는 것은 상견(常見)입니다. 반대로 소멸하여 사라진다고 보는 것은 단견(斷見)입니다. 두 가지는 모두 양극단에 치우쳐 있습니다. 있다고 생각하면 상견에 치우친 것이고, 없다고 생각하면 단견에 치우친 것입니다. 모든 생각과 관념을 타파한다고 해서 어떤 법도 없다는 견해를 일으킨다면 그것은 또 하나의 관념이 됩니다. 실체의 관념에서 벗어나지 못하고 여전히 그 사유의 틀 안에서 맴돌고 있습니다.

무아설의 경우 그것을 문자 그대로 '내가 없다'고 해석하는 것은 단견이라고 할 수 있습니다. '불교=무아설'이라는 도그마로 작동할 위험이 있습니다. 자아가 영원히 존재한다는 상주론자의 견해가 잘못이듯이, 자아는 없다고 해석하는 단멸론자의 견해 역시 올바르지 않습니다. 있느냐 없느냐를 따지는 것은 여전히 언어적 분별에 갇혀 있다는 증거입니다. 토끼에게 뿔은 본래 존재하지 않습니다. 토끼에게 뿔이 있느냐 없느냐를 따질 필요는 없습니다. 무아설의 의미는 '있음'에 대한 대척점으로서 '없음'을 밝히려는 것이 아니라, '있음'과 '없음'의 분별을 벗어나야 한다는 것에 초점이 있습니다.

현실 세계에서 눈으로 보고 소리를 듣는 '나'를 부정할 수 없습니다. 일상의 경험적 자아가 없다고 말하려는 것이 무아설의 의도는 아닙니다. 『금강경』에서도 부처님은 '내가 보살이었을 때…', '내가 설한 것은…'과 같이 자신을 표현합니다.

이 점에서 무아설은 자아의 유무를 따지는 형이상학의 문제가 아닙니다. 인간의 고통을 소멸시키기 위한 실용적인 목적이 있습니다. 무엇보다도 거짓된 자아의 관념을 걷어내는 일이 급선무입니다. 자아의 완고한 틀은 좀처럼 깨지지 않기 때문에 '없다'고 말하는 충격요법을 썼습니다만, 불교의 바른 견해는 한 극단에 치우치지 않는 중도(中道)에 있다고 보아야 합니다. 자아는 우리의 생각과 같이 실재하는 것이 아니지만, 완전히 없는 것도 아닙니다. 문제가 되는 것은 내 안에 변하지 않고 존재하는 자아를 상정하고 그것에 집착하는 우리의 생각과 관념입니다. 이름일 뿐인 자아의 개념을 실체화하고 '나'라는 고정된 관념 속에 스스로 갇히는 일을 말합니다.

외부 대상에 대해서도 같은 방식으로 바라볼 필요가 있습니다. 사물이란 다른 것을 원인과 조건으로 해서 생겨나는 연기(緣起)적 존재이므로, 독립된 실체로서 있는 것이 아닙니다. 독립된 실체가 아니라고 해서, 존재하지 않는다는 뜻은 결코 아닙니다. 사물의 실체 없음, 즉 공성(空性)이란 아무것도 존재하지 않는다는 허무주의와는 관련이 없습니다. 오히려 사물의 실상을 말해 줍니다. 모든 것은 그 자체로 존재하는 것이 아니라, 다른 것을 원인과 조건으로 하는 연기적 존재라는 것이지요. 공성이란 곧 연기인 것이고, 있는 것도 아니고 없는 것도 아니라는 중도를 의미하고 있습니다.

『금강경』에 나오는 '어디에도 머물지 않는 마음'은 한 극단에 치우치지 않아야 한다는 중도의 가르침과 맥락을 같이합니다. 중점은 있음과 없음, 옳고 그름의 모든 상대적인 분별을 떠나는 데 있습니다. 어느 한쪽으로 구분 짓는 우리의 오래된 관성을 벗어나는 일입니다. 여래의 형상이라는 관념에 머물지 않아야 하지만, 아니라는 관념에도 붙들리지 않아야 합니다. 상견과 단견, 어디에도 머물지 않아야 진정한 반야의 지혜가 열린다고 말하고 있습니다.

마음은 '꿈' 같은 것

갠지스강의 모래만큼 많은 갠지스강이 있고, 그 갠지스강의 모래만큼 많은 부처님 세계가 있다면, 대체 얼마나 많은 걸까요? 『금강경』은 그 모든 세계 안에 있는 중생의 갖가지 마음을 여래는 모두 알고 있다고 말합니다. 그 많은 중생의 마음을 모두 아시려면, 부처님에게는 아무래도 특별한 눈이 필요하겠습니다.

우선 여래에게는 육안(肉眼)이 있습니다. 부처님도 우리와 같은 방식으로 보고 계십니다. 인간의 눈과 같이, 산이나 벽에 가로막혀 있으면 볼 수 없습니다. 그래서 여래에게는 천안(天眼)이 필요합니다. 천안으로 가로막힌 것 너머를 볼 수 있고, 고통받는 중생의 소리를 들으면 바로 찾아갈 수 있습니다. 보고 듣는 일에 자유자재하여 사후에 중생이 어느 곳에 태어나는지도 볼 수 있습니다. 여래에게는 혜안(慧眼)도 있습니다. 중생의 어리석음과 달리 즐거움에서 그 괴로움을 보고, 괴로움에서 진정한 즐거움을 보는 지혜의 눈입니다. 또한 여래에게는 법안(法眼)이 있습니다. 무엇이 법이고 법이 아닌지를 밝은 눈으로 비추어 보는 진실의 눈입니다. 마지막으로 불안(佛眼)이 있습니다. 미세한 번뇌까지 모두 없애고 깨달은 자, 붓다의 눈입니다.

다섯 가지 눈으로 부처님은 셀 수 없이 많은 중생의 마음을 두루 보고 모두 알 수 있습니다. 부처님이 전지적(omniscient)이라는 의미일까요? 종교적 측면에서는 모든 것을 볼 수 있는 신비로운 능력에 믿음을 일으킬 수도 있겠지만, 이 대목을 설명하는 『금강경』의 태도는 조금도 종교적이지 않습니다. 오히려 차갑고 냉철합니다. 그 이유는 다름이 아니라, "여래는 여러 가지 (중생의) 마음이 모두 다 마음이 아니라 설하였으므로 마음이라 말"하기 때문입니다. 이번에도 『금강경』의 전형적인 부정의 논법이 구사되고 있습니다. 이 한 줄을 놓쳐서는 안 됩니다. 부처님의 신비로운 능력과 믿음을 설명하는 대목이 아니었던 것입니다.

그렇습니다. 중생의 마음은 중생의 마음이 아닌 것입니다. 그렇게 이름 붙여진 것에 불과합니다. 여래의 마음

역시 여래의 마음이 아닌 것입니다. 마찬가지로 이름일 뿐입니다. '나는 여래, 너는 중생'이라고 구분 짓는 마음이 있었다면, 여래는 인간과 천인의 스승이 될 수 없었을 것입니다. 좋은 스승이란 무엇일까요? 공부 잘하고 언제나 1등 하는 학생을 가르치는 일은 어렵지 않습니다. 공부보다는 딴청 부리기 좋아하는 제자의 마음을 잘 읽고 그의 마음이 집중할 수 있도록 도와주는 것이 좋은 스승의 덕목입니다. 부처님은 중생의 마음이 번뇌와 어리석음으로 가려져 있지만, 본래는 밝게 빛나고 있다는 것을 잘 알고 있습니다. 그러니 중생의 마음은 여래의 마음과 다를 바가 없습니다.

마음의 본성에 비추어 볼 때, 이것은 중생의 마음, 저것은 여래의 마음이라고 구분 지을 것이 없습니다. 다만 중생은 바깥세상의 대상을 조건으로 하여 갖가지 분별과 망상을 일으키지만, 여래의 마음은 거기에 어떤 분별도 일으키지 않는다는 차이가 있습니다. 여래의 마음은 그 대상에 머물지 않습니다. 깨끗한 거울에 여러 가지 형상이 비치지만, 거울 자체에는 아무런 형상도 없는 것과 같습니다.

어리석은 중생은 무슨 일을 해도 '내가 했다'하는 생각이 남기 마련이고, 그 생각에 집착하게 됩니다. 모든 여래와 성인은 내가 했어도 '내가 했다'는 생각이 없기 때문에 어떤 흔적도 남기지 않습니다. 행위 자체가 없었다는 의미가 아닙니다. 어떤 일을 해도 '내가 했다'는 생각이 없는 것, 그것을 '머물지 않는 마음'이라 부르고 있습니다.

마음이란 이름일 뿐입니다. 어떤 실체가 있는 것이 아닙니다. 그런데도 그 마음을 찾으려고 이리저리 헤매고 있다면, 소를 타고 앉아 소를 찾고 있는 격입니다. 과거·현재·미래의 마음 역시 어떤 실체가 있는 것이 아닙니다. 강물 위에 바람이 불어 한 물결이 왔다가 또 한 물결이 사라지는 것과 같습니다. 강물이라 부르지만, 지나 버린 강물은 가고 없으며, 아직 오지 않은 강물은 여기에 없습니다. 현재의 강물만이 눈앞에 있습니다. 그마저 이 순간이 지나면 어디론가 흘러서 사라집니다.

그러므로 『금강경』에서는 "과거의 마음도 얻을 수 없고 현재의 마음도 얻을 수 없고 미래의 마음도 얻을 수 없다(過去心不可得 現在心不可得 未來心不可得)"라고 말합니다. 과거·현재·미래의 구분은 우리의 관념 속에 있습니다.

손으로 잡을 수 없고, 꺼내 놓을 수 없습니다.

이 대목에서 당나라 덕산(德山, 782~865) 선사의 이야기를 빠뜨릴 수 없겠습니다. 덕산 스님은『금강경』에 대한 자부심이 대단했습니다. 사람들에게 오랫동안『금강경』을 강의했고, 주석서로『금강경청룡소초』를 썼습니다. 하루는 용담(龍潭)이라는 곳에 머무는 숭신(崇信) 선사에 관한 소문을 듣고, 그를 만나러 길을 떠납니다. 바랑에는 자신이 지은 주석서 한 권이 들어 있었지요.『금강경』에 통달한 자, 과연 누구냐는 생각으로 길을 나섰습니다. 용담 근처에 도착해서 점심 요깃거리를 찾던 그는 마침 떡을 파는 할머니를 만나게 됩니다.

"점심을 먹으려는데, 떡을 좀 파십시오."

할머니는 떡을 내놓는 대신 바랑 안에 무엇이 들어 있는지 묻습니다.

"『금강경』에 관한 책입니다."

그러자 할머니가 말합니다.

"내가 평소에『금강경』에 대해 궁금한 대목이 있었는데, 답해 주신다면 떡을 공짜로 드리리다. 대답을 못 하면 돈을 주어도 떡을 팔지 않겠습니다."

덕산 스님은『금강경』에 대해서라면 자신이 있었으니 호탕하게 승낙하고 질문을 기다렸습니다.

"『금강경』에 '과거심불가득 현재심불가득 미래심불가득'이라는 구절이 있는데, 스님은 어느 마음에 점을 찍으려 하십니까?"

스님은 그만 말문이 막혀 버렸습니다. 점심(點心) 요깃거리를 찾는다는 덕산 스님에게 할머니는 '마음(心)에 점(點)을 찍는다'는 선문답을 하고 있습니다. 자, 여러분이라면 어느 마음에 점을 찍으시렵니까? 지나간 과거의 일에 묶여서 꼼짝달싹 못 하고, 오지 않은 미래의 일에 매달려서, 현재의 마음을 놓치고 있지는 않으십니까? 얻을 수도, 잡을 수도 없는 것을 찾으려고 밖으로만 헤매고 있지는 않으신가요? 이미 사라진 과거의 일을 지금 일어나는 것처럼 아파하고, 아직 일어나지 않은 미래의 일을 걱정하느라 우리는 현재를 놓치며 삽니다. 과거에 대한 회한, 미래에 대한 불안은 모두가 내가 만든 '생각의 집'입니다. 창살 없는 감옥에 자신을 가두지 말아야 합니다.

마음이 만들어낸 모든 것은 허망합니다. 보이는 대로 있는 것이 아니고, 생각하는 대로 있는 것도 아닙니다. 그러니 『금강경』에서는 "어떤 관념에도 머물지 말라"고 말해 왔습니다. '나'라는 자아의 관념에도, '색·성·향·미·촉·법' 그 어떤 대상에도 머물지 않아야 합니다. 심지어 부처님의 법에도 머물지 않아야 합니다. 실상의 모습조차 실상이라고 부를 만한 것이 따로 없습니다. 모든 것은 다만 그렇게 부르는 이름일 뿐입니다.

현상적 세계의 모든 것은 찰나찰나 생겨났다 사라집니다. 너무나 신속하게 일어나서 알아차리기 어렵지요. 그래서 항상 그렇게 실재하는 것처럼 느껴집니다. 따라서 세상의 실제 모습을 있는 그대로 직시하려면 지혜의 통찰이 필요합니다.

일체유위법(一切有爲法) 일체 모든 유위법은
여몽환포영(如夢幻泡影) 꿈·허깨비·물거품·그림자
여로역여전(如露亦如電) 이슬·번개 같으니
응작여시관(應作如是觀) 이렇게 관찰할지라.

『금강경』의 대미를 장식하는 사구게입니다. 여기 보이는 꿈·허깨비·물거품·그림자·이슬·번개는 생겨나자

마자 사라지는 것들의 비유입니다. 어떤 실체도 없이 비어 있음을 상징적으로 표현하고 있습니다.

우리가 하룻밤 꿈을 꿀 때, 신나고 즐거운 꿈도 있지만 눈물이 나도록 슬픈 꿈도 있습니다. 깨고 나면 모든 것은 사라지고 없습니다. 마찬가지로 우리가 살아가는 동안에 겪는 일들은 '꿈'과 같습니다. 우리의 마음과 생각이 실재한다고 여기기 때문에 꿈이라는 것을 알아채지 못합니다. '허깨비'에 속듯이 즐거움이 언제나 계속될 듯 행복해하고, 괴로움이 영원히 사라지지 않을 듯 괴로워 죽겠다고 합니다. 꿈에서 깨어나면 모든 것이 사라지듯 우리의 즐거움도, 괴로움도 '물거품'처럼 사라집니다. 인생이라는 무대 위에서 벌어지는 '그림자' 놀이인 셈이지요. 해가 뜨면 사라지는 '이슬'과 같고, 번쩍하자마자 사라지는 '번개'와 같습니다.

기쁨이나 슬픔, 사랑이나 미움은 모두 마음이 빚어 놓은 것들입니다. 원인과 조건이 갖추어져 생겨나는 하나의 사건이지요. 만들어진 것이니 사라지기 마련입니다. 원인과 조건이 다하면 나의 느낌과 생각도 사라집니다. 따라서 그것이 영원하기라도 할 것처럼 욕망하고 집착하는 것은 어리석은 일입니다.

모든 분별은 자기 마음의 투사일 수밖에 없습니다. 우리는 '나'를 중심으로 편집된 세상 속에 살아가고 있습니다. 내가 보는 세상의 모습은 내가 본 대로 실재하는 것이 아닙니다. 환영처럼, 그림자처럼, 그 실체는 비어 있습니다. 결국 『금강경』에서 전하고자 하는 지혜, 가장 강력한 무기는 '실체 없음'·'비어 있음'에 대한 자각입니다. '공'이라는 용어가 한 번도 등장하지 않지만, 경전 전체에서 이처럼 공 사상이 넘쳐흐릅니다.

이와 같은 공성의 자각은 인간의 삶이 지닌 괴로움을 없애고 저편 언덕으로 건너가게 하는 지혜의 역할을 맡습니다. 2,500년 된 불교가 아직도 사라지지 않은 이유는 이 때문이라고 할 수 있습니다. 삶의 근본적인 문제, 괴로움을 없애는 길을 보여 주기 때문입니다. 그 길은 '나'를 찾는 것이 아니라, 비우는 것에서 출발합니다. 이 세상은 '나'라는 자아의 관념이 투사한 환영이라는 것을 알아차릴 때, 우리는 삶의 고통과 슬픔을 흘려보낼 수 있게 됩니다. 상영되는 한 편의 영화를 보듯, 나의 삶을 바라볼 수 있습니다. 그것에 붙들리지 않을 수 있습니다. 『금강경』의 지혜는 나를 얽매고 있는 모든 관념의 감옥에서 벗어나 자유로운 삶으로 이끄는 뗏목과 같습니다. 주의하실 점은 건너고 난 뒤라면, 내려놓고 가야 한다는 것! 잊지 마시길 바랍니다.

4

『금강경』에서
우리는
무엇을 배울 수 있을까

어머니의 불자 수첩

고등학교에 다닐 무렵이었다고 기억합니다. 어느 날 어머니는 다니시던 절에서 나누어 주었다며 손바닥 크기의 수첩 하나를 보여 주셨습니다. 집에서 부처님 말씀을 읽을 수 있다며 기뻐하는 모습이 꼭 아이 같았습니다.

파란색 커버의 수첩에는 법회에 필요한 예불문이 모여 있는 듯했습니다. "수리수리 마하수리"로 시작하는 『천수경』도 있었고, 뒤편에는 『금강경』도 들어 있었습니다. 비교적 큰 글씨로 한글이 적혀 있고, 옆에는 작은 글씨로 한문이 달려 있었습니다. 한 번 읽어 보았는데 도저히 입에 붙지 않았습니다. 낯설고 의미를 알 수 없는 한문 투. 이것을 어머니는 어떻게 읽으시려나 걱정이 되었습니다.

그러나 저의 우려는 공연한 걱정에 불과했습니다. 어머니는 새벽마다 불자 수첩을 꺼내서 읽고 또 읽으셨습니다. 아침 준비를 위한 달그락 소리가 나기 전에 어머니의 아침 의식이 먼저 있었고, 어렴풋이 그 소리에 잠을 깨는

날들이 이어졌습니다.

그 무렵 어머니는 초하루마다 관악산 연주암으로 향했습니다. 새벽녘 어두컴컴한 기운을 가르며 버스를 타고 과천에 내려서 등산로를 따라 산 중턱에 이르면 어슴푸레 날이 밝는 것을 볼 수 있었습니다. 돌 틈 사이를 한 시간 남짓 올라가면 법당에 이르고, 또 한참을 오르면 아스라이 절벽 위에 세워진 연주암에 닿습니다. 조그만 암자에는 발 디딜 틈이 없어 땅바닥에 마련된 자리에서 절을 하고 앉습니다. 어디선가 시원한 바람이 불어오고 조용한 향불의 내음이 코끝을 감쌉니다.

가만히 앉아서 옆에 앉은 어머니를 얼핏 보았습니다. 불자 수첩을 손에 들고 있지만, 보지 않고 스님의 예불 소리를 따라 하십니다. 어느새 외워 버린 것이지요. "나모라 다나다라야……." 발음하기도 어려운 다라니를 외울 때는 더욱 놀랄 수밖에 없었습니다. '불법을 배우겠다는 마음이 저토록 간절하셨구나. 언젠가 내가 불교를 공부하면 저 문장들을 알기 쉬운 우리말로 바꾸는 일을 해야겠다.' 어머니를 훔쳐보던 저는 이런 생각을 했던 것 같습니다.

다행히 요즘은 우리말 『반야심경』이나 『금강경』이

나와 있고, 법회마다 독송됩니다. 처음에는 경전 읽는 맛이 안 난다는 느낌이 있었습니다만, 여러 번 접하다 보니 익숙해집니다. 경전은 한문으로 되어 있어야 뜻이 통한다는 생각은 그야말로 생각일 뿐이지요. 우리말로 읽고서 의미를 알 수 있으니 부처님 말씀이 더 가깝게 느껴집니다.

"공덕 중에는 다리 놓아 주는 공덕이 크고, 경전을 베푸는 공덕도 그러하단다." 어머니가 하시던 말이 기억납니다. 지금이야 어디나 도로가 잘 깔려 있지만, 그렇지 못한 시절엔 다리 공사를 위해 많은 재물과 노고가 필요했을 테지요. 그 공덕을 기리는 일은 당연합니다. 경전을 만들어 타인에게 베푸는 것은 불법으로 가는 다리를 놓는 일이니, 그 공덕 또한 실로 적지 않습니다. 『금강경』에서는 이 경전을 받아 지녀 읽고 외우고 다른 사람을 위해 설한 공덕은 삼천대천세계를 칠보로 장식하여 보시한 공덕보다 크다고 말합니다.

오늘날에도 경전을 인쇄하여 대중들과 나누는 풍경을 가끔 볼 수 있습니다. 이름 모를 시주자의 공덕이 참으로 크다는 생각이 듭니다. 불탑과 불상에 공양하기보다는 부처님 가르침을 보시하는 법공양에 보다 큰 공덕이 있습니다. 파란 표지의 불자 수첩. 그것으로 어머니는 부처님 말씀을 당신 손으로 읽는 일을 이루었고, 곁에서 지켜보던 어린 딸은 불교를 공부하는 인연을 쌓게 되었으니 말입니다.

그렇게 어른이 된 저는 『금강경』을 대학 노트에 베껴 쓰는 일을 해 본 적이 있습니다. 결혼하고 첫아이를 임신했던 무렵입니다. 남편이 학교에 가고 나면, 혼자 집에 남아 있는 단순한 생활이었습니다. 20대 후반이었으니까, '엄마가 될 준비는 되어 있는 걸까?' 막연한 불안도 있었고, '어떤 인생을 살게 될까?' 나 자신의 삶에 대한 고민도 많았습니다.

뭔가 아이를 위해 하고 싶은 일을 찾는데, 딱히 손에 잡히는 것이 없었습니다. 태교를 위해 남들은 클래식 음악을 듣는다는데 저는 왠지 취미에 맞지 않았습니다. 그러던 차에 집에 있던 『금강경』이 눈에 띄었고, 이런저런 생각 없이 경전의 구절들을 대학 노트에 옮겨 적기 시작했습니다. 아이의 태교를 위한 것만은 아니었고, 경전 사경의 공덕을 바라고 한 일도 아니었습니다. 무심히, 정말 아무 생각 없이 한 자 한 자 옮겨 적는 일이 그냥 좋았습니다.

'아뇩다라삼먁삼보리(阿耨多羅三藐三菩提).' 이 말을 처음 보고 의아했던 기억은 지금도 생생합니다. 뜻도 모르겠지만, '뇩(耨)'이나 '먁(藐)'과 같은 글자는 얼마나 생경하던지요. 잘못 인쇄된 게 아닐까 생각할 정도였지요. 나중에 불교 공부를 시작하고 나서야 이것은 산스크리트어를 소리 나는 대로 음사한 것이며 '위 없는 최상의 깨달음'이라는 뜻인 것을 알게 되었습니다. 불교를 공부할 때 맨 처음 부딪치는 난관이 도대체 그 뜻을 알 수 없는 불교 용어의 문제라는 말에 전적으로 공감합니다.

비록 그 뜻은 알 수 없었지만 반복되는 문구들이 점차 눈에 들어왔습니다. 한 줄 두 줄 손에 익어 가면서, 이상하게도 마음이 편안해졌습니다. 경전을 베껴 쓰는 일에 재미를 붙여 갈 무렵, 하루는 밥상 겸 책상으로 쓰던 상을 잠시 밀어 두고 그 자리에서 잠이 들었습니다. 그해 여름은 무척 더웠거든요. 열대야, 찜통더위, 가마솥더위라며 날마다 폭염에 관한 기사가 쏟아졌습니다. 지금이야 열대야가 익숙한 단어이지만, 그때는 뉴스가 되던 시절이었습니다.

그렇게 잠깐 잠이 들어 꿈을 꾸는데, 땅이 불쑥불쑥하더니 잭의 콩나무처럼 나무가 자라나서 하늘로 솟아오르며 거대한 탑이 만들어지는 게 아닙니까. 너무 신기해서 지금까지 잊지 못하는 꿈입니다. '이 경전이 있는 곳이라면 부처님의 탑묘가 있는 것과 같다'라고 말하는 대목을 보면, 『금강경』은 과연 탑과 관련이 있는 모양입니다. 이 문구를 보고 그런 꿈을 꾼 것인지, 꿈을 꾸고 나서 이 문구를 보았는지는 분명하게 기억나지 않습니다.

시집올 때 친정어머니가 장롱 속에 넣어 두라고 챙겨 주신 다라니의 탑 모양을 본 것일까 생각해 보기도 했습니다. 작고 붉은 글씨들로 이루어진 탑 모양의 다라니를 보신 적이 있는지요? 부처님이 돌아가신 이후 제자들은 부처님 사리를 모셔 놓은 탑묘를 인도 곳곳에 세웠다 하고, 후대에는 사리 대신에 경전을 넣는 일도 많았다고 합니다. 불탑과 경전은 서로 깊은 관련이 있으리라 여겨집니다.

어떤 이유로 그와 같은 꿈을 꾸게 되었는지는 잘 모르겠습니다. 다만 경전을 노트에 옮겨 적는 일에 온 마음이 빠져 있었던 것은 말씀드릴 수 있습니다.

옛부터 『금강경』에 대한 영험담은 다수 전해져 왔습니다. 『금강경』을 지극하게 독송했던 사람이 염라대왕 앞에 불려갔다가 다시 인간 세상으로 돌아온 이야기가 있지요. 오늘날에도 『금강경』 독송과 사경의 공덕에 대한 영험담이 회자되고 있습니다.

저의 꿈 이야기를 지금 와서 돌아보건대, 어떤 모양이나 형상에 매이지 말라는 『금강경』의 구절은 불교 공부에 있어서 꼭 필요한 말인 것 같습니다. 꿈에 여래를 본다 해도, 여래의 형상은 여래가 아닌 것입니다. 그로 인해 여래의 가피를 입었다고 생각하거나 나의 공부가 한 수 높아졌다고 생각한다면 큰 오산입니다. 모든 것은 나의 마음이 만들어낸 것이지요. 그 꿈이 빚어낸 형상에 집착하는 마음을 내어 우쭐할 일이 결코 아닙니다.

기도하는 과정에서 신비한 체험이 생겨나거나, 명상 수행 중에 황홀한 내적 체험을 할 수도 있습니다. 체험의 내용을 부정할 필요는 없습니다만, 그것이 실재한다고 생각하는 것은 곤란합니다. 그렇게 되면 그 체험이 한 번 더 일어나기를 바라는 강한 집착의 마음이 생겨나기 마련입니다. 더욱이 그 마음이 '남과 달리 나는 특별하다'라는 아만심으로 이어진다면 아주 큰일입니다. 일어나지 않는 편이 오히려 나을 수 있습니다.

'여래의 형상은 여래의 형상이 아니므로, 여래의 형상이라 한다.'

'형색으로 나를 보거나 음성으로 나를 찾으면 삿된 길을 걸을 뿐 여래를 볼 수 없으리.'

『금강경』의 가르침을 반드시 마음에 새겨두어야 합니다.

자아 찾기 열풍의 이면

저는 현재 대학에서 불교 영역의 교양 수업을 담당하고 있습니다. 한 학기 동안 불교와 관련된 책들을 읽고 학생들과 함께 토론을 하지요.

교재 중에는 서포 김만중의 『구운몽』이 들어 있습니다. 다들 알고 계시지요? 육관 대사의 제자 성진은 용궁에 갔다가 술을 마시고 돌아오는 길에 팔선녀를 만납니다. 성진은 팔선녀와 몇 마디 수작을 하고 와서는 세상을 흠모하는 마음을 일으켰고, 결국에는 인간 세상으로 내쳐집니다. 양소유로 태어난 그는 과거에 급제하고 온갖 부귀영화를 누리지만, 말년에는 인생무상의 덧없음을 느끼게 되고, 그 순간 성진으로 깨어납니다. 꿈에서 깨어나는 환몽(幻夢) 소설의 대표적인 작품입니다.

깨어난 성진에게 육관 대사는 마지막 가르침으로 『금강경』의 사구게를 전합니다. "일체유위법 여몽환포영 여로역여전 응작여시관." 조선시대 사대부로서 온갖 부귀

영화를 누렸으며, 유배 생활을 세 번이나 겪어야 했던 서포 김만중. 그 자신의 파란만장한 삶에 비추어 볼 때,『금강경』의 이 구절은 남다르게 와닿았을 것으로 보입니다.

『구운몽』에 대하여 이야기할 때 사람들은 일반적으로 꿈속의 양소유와 깨어난 성진을 대조시켜 설명합니다. 그런데 불교적 관점에서는 해야 할 이야기가 하나 더 남아 있습니다. 세속적 욕망을 누렸던 양소유의 삶은 물론 '꿈'이지만, 성진의 삶 역시 '꿈 같이' 보아야 한다는 것입니다. "꿈에서 깨어났습니다"라고 아뢰는 성진에게, "네 아직 꿈을 온전히 깨지 못하였도다. 성진과 소유, 누가 꿈이며 누가 꿈이 아니뇨?"라고 말하는 육관 대사의 말이 그렇습니다. 저는 여기에서『금강경』이 지니는 의미와 대승 불교의 공(空) 사상을 덧붙여 설명하게 됩니다.

그러고는 학생들에게 어떤 생각이나 관념에 매이지 말라고 당부합니다. 특히 자신에 대한 어떤 상(相)도 짓지 말라고 말하지요. 혹시 여러분에게 괴로움이 있다면, '나는 이래야 한다'는 생각이나 관념에 묶여 있기 때문은 아니냐고 묻습니다. 그 상을 턱없이 높게 잡아 놓고 닿지 못할까 봐 괴로워하는 것은 아닌지 말입니다. 바로 그 생각을 없애라고 말하는 것이 불교적 지혜라고 말해 줍니다.

그렇게 수업이 끝나면 몇몇 학생은 선생님 말씀만으로도 위안이 되었다는 말을 남기고 돌아갑니다. 그 눈동자가 조금 젖어 있는 듯 보입니다. '나는 착한 아들딸이어야' 하고, '성적이 좋아야' 하고, '취업도 잘해야' 하고…. 이제 갓 스무 살을 넘긴 친구들이 두 어깨에 짊어진 짐은 생각보다 무겁습니다. 그 기준에 맞추기 위하여 자신을 얼마나 많이 몰아세우며 닦달해 왔을까요.

요즘 학생들은 내가 무엇을 좋아하고 잘하는지 알기 전에 대학 입시를 위한 준비에 내몰립니다. 좋은 대학에 진학하여 공부를 하는 것이 '성공'이고, '자아를 찾는 길'이라고 믿습니다. 그렇게 대학에 들어가면 나의 길을 찾을 수 있을 줄 알았는데, 취업이라는 더 큰 장벽이 놓여 있습니다. 경쟁에서 밀려나 패배자가 되는 것은 아닐까 늘 노심초사하며, 불안과 두려움을 삼켜야 합니다.

서점가에는 열풍처럼 자기 계발·자기 관리에 관한 서적이 넘쳐납니다. '나 자신'을 찾아야 행복할 수 있다는 말이 확성기의 구호처럼 귀를 따갑게 울립니다. 어려서부터 경쟁 사회에 익숙해진 학생들은 언제나 타인과의 비교에서 우위를 점해야 한다는 강박으로 지칠 대로 지쳐 있습니다. 정작 자신이 무엇을 좋아하는지, 무엇을 잘할 수 있는지 경험해 본 적이 없습니다. 찾아야 한다, 찾아야 한다, 자아를⋯. 수도 없이 강요받았을 뿐입니다. 나 자신의 주체적인 삶을 요구받으면서도 혼자 겪어야 하는 고립감, 타인과 연결되기를 원하면서도 관계 맺는 일에 대한 두려움으로 혼란스럽습니다.

학기 말 리포트를 받아 보면 학생들의 심리 상태를 들여다볼 수 있습니다. 심심찮게 요즘 유행하는 신조어도 배우게 됩니다. 지난 학기에 제가 배운 유행어는 '카·페·인 우울증'이었습니다. '커피를 너무 많이 마셨남?' 그게 아니더군요. 소셜 미디어의 이름인 '카카오스토리', '페이스북', '인스타그램'의 앞 글자를 따서 부른 이름이었습니다. 소셜 미디어를 보면서 다른 사람들의 일상을 부러워하고, 남들과 자신을 비교하면서 자신은 불행하다고 생각하는 우울감을 말한다고 합니다.

예쁜 가게의 잘 차려진 음식 앞에 미소 짓는 사람들, 풍경 좋은 핫 플레이스에서 인증 샷을 남기는 행복한 사람들로 넘쳐납니다. 모두가 그렇게 행복한 모습을 보여 주니 '왜 나는 이렇게 사나…' 마음이 불편해집니다. 나도 행복한 모습을 보여 주어야만 할 것 같습니다. 그래야 자기 혼자 외따로 떨어져 있다는 느낌을 피할 수 있습니다. 타인의 시선을 의식하며 나의 행복과 즐거움을 연기하듯 연출해야 하는 시대가 온 것입니다.

자신을 찾으라고만 배웠지, 자신을 비우는 일은 배운 적이 없습니다. 남들이 멋진 모습을 만들어 갈 때 나 혼자 비우다가는 큰일 날 것 같습니다. 매 순간 밀려드는 새로운 정보와 영상으로 인해 스마트폰에서 한시도 눈을 뗄 수 없습니다. 정작 자신의 마음을 들여다볼 시간은 없습니다. 비단 학생들만의 일이 아닙니다. 저를 포함한 모든 직장인의 출퇴근길에 스마트폰과 이어폰이 필수품이 된 지 오래되었습니다. 쏟아지는 정보에서 뒤쳐질세라 잠시도 가만히 쉬지를 못합니다.

오히려 나를 찾으려는 마음을 내려놓고 주변을 둘러볼 수 있을 때, 나의 온전한 모습과 행복을 발견할 수 있습니다. 오늘날 통용되는 '행복(happiness)'에 정확히 대응하는 것은 아니지만, 불교 용어 중에서는 만족이나 기쁨을 가리키는 '즐거움(樂, sukha)'이 비교적 행복에 가까워 보입니다. 초기 경전의 하나인 『법구경』에서는 행복을 몸에 병이 없는 것, 마음에 욕망·증오가 없는 것, 굶주림이 없는 것 등으로 표현했습니다. 그리고 지혜로운 사람이란 자신을 다스릴 줄 아는 사람이고, 타인과 비교하지 않으며, 타인의 칭찬과 비난에 그 마음이 흔들리지 않는다고 말합니다. 남들보다 잘났다는 우월감도 없고, 남들보다 못하다고 자신을 비하하는 마음도 없습니다. 스스로를 낮추는 마음 역시 남들과의 비교에서 우위에 서고 싶다는 욕망의 다른 표현이라고 할 수 있습니다.

사실 인간의 행복에는 많은 것이 필요하지 않습니다. 소득이 늘어나는 만큼 행복이 비례하지 않는다는 '이스털린의 역설'은 잘 알려져 있습니다. 행복은 적은 것에도 만족할 줄 아는 소욕지족(少欲知足)의 마음속에 있습니다. 행복한 세상의 빛깔을 좇아 밖으로 향할 일이 아닙니다.

눈에 보이는 형색에 집착하지 말고, 귀로 듣는 소리에 집착하지 말고, 냄새와 맛 그리고 감촉, 마음의 어떤 대상에도 집착하지 말아야 한다는 『금강경』의 말씀이 더없이 귀하게 다가옵니다. 색·성·향·미·촉·법, 그 어디에도 마음이 머물지 않아야 행복할 수 있습니다. 주문처럼 걸려 있는 자아 찾기의 강박에서 풀려나고, 같은 장소에서 똑같은 포즈로 사진을 찍어야 행복할 수 있다고 여기는 바로 그 생각에서 벗어나야 한다는 것을 학생들에게 한 번 더 말해주고 싶습니다.

불교에서 '마음을 비워라, 버려라' 하니까, 학생들은 다 비우고 어떻게 사느냐고 의아해합니다. 배고픈 욕구도 채우지 않고, 아파도 아프다고 생각하지 않고 목석처럼 살라는 말이 아닙니다. 마음에 감응이 없다면 어찌 살아 있는 것이겠습니까. 배고프면 음식을 먹어야 하고, 아프면 약을 먹어야 합니다. 인간의 기본적인 욕구는 막을 수 없습니다. 가난의 고통을 면하려면, 부지런히 일해서 돈을 벌어야 합니다. 좋아하는 사람이 있으면, 예쁘게 사랑해야 합니다. 세상을 살면서 사랑과 돈과 명예를 추구하는 것이 잘못은 아닙니다. 추구하되, 거기에 묶이지 말라는 것. 이것이 핵심입니다. 깨달음을 구하는 일조차 마음이 묶여 있어서는 안 됩니다. 지나친 구도열에 자신을 해치고 타인을 외면하기 쉽습니다.

대승불교의 보살 사상은 그래서 출현했던 것입니다.

『금강경』에서 말하는 '머물지 않는 마음'은 오늘 우리에게 진정한 행복의 출발점이 어디인가를 말해 주고 있습니다.

가장 친한 사이 '아상'의 덫

부모와 자식으로 이 세상에 태어나는 일은 아주 귀한 인연입니다. 우주 어디선가 내게로 와서 제 몸을 빌려 태어난 존재들입니다. 현생에는 자식으로 만났지만, 전생엔 나보다 더 귀한 존재였을지 모릅니다. 그 아들과 딸에게 있는 힘껏 좋은 울타리가 되어 주고 싶습니다. 하지만 나의 아이라고 해서 나의 소유라고 생각해서는 안 됩니다. 아이가 가는 길을 부모 뜻대로 결정해서도 안 됩니다. 먼저 태어난 사람으로서 조금 도와줄 수 있을 뿐입니다. 대개의 부모 마음은 이와 같으리라 생각합니다.

자식에게 음식을 주고 물건을 챙겨 줄 때, 자신은 먹지 못하고 입지 못해도 자식이 기뻐하면 부모도 기뻐집니다. 이유는 무엇일까요? 자식은 '남'이 아니기 때문입니다. 내가 낳은 또 다른 '나'이기 때문에, 자식의 기쁨이 나의 기쁨이라 여기며 살아갑니다. 어머니·아버지가 우리를 그렇게 키웠듯이, 어느새 저 역시 그런 엄마가 되어 있습니다.

　그런데 현실 속에서 부모와 자식 사이가 마냥 평화로운 것은 아닙니다. 작은 예를 들자면 자식이 대학 공부를 마치고 전공과 전혀 다른 길을 가기도 하고, 대학 진학을 포기했다는 이야기도 심심찮게 들을 수 있습니다. 남의 집 일 같으면 "그럴 수 있어. 멋진 아이인걸?"이라고 말할 수 있지만, 우리 집 이야기라면 마음이 복잡해집니다. 아이가 성장하여 자신의 길을 가겠다고 하는데, 부모의 생각과 다른 길을 선택한다고 해서 문제가 될 일은 없습니다. 자식 이기는 부모는 없다고 하지 않습니까. 여기까지 정리하고 나면 어느 정도 해결이 난 듯한데, 아이와 대화하는 가운데 알게 모르게 '내가 너에게 얼마나 잘했는데' 하는 서운한 마음이 밀려옵니다.

　부부의 인연도 마찬가지입니다. 사랑이 가득한 가정을 꾸리기로 약속했지만, 미워했던 날들이 적지 않습니다. 바깥에 나가면 언제나 좋은 남자, 좋은 여자 소리를 듣지만, 왜 집에서는 딱딱한 남편, 빡빡한 아내가 되고 마는지…. 마음에 절을 짓고 사는 편이 낫겠다는 생각도 듭니다.

이런저런 일들의 이면에 남편에게는 언제나 아내가 자신을 따라 주리라 믿고, 아내에게는 남편이 내 맘 같이 움직여 주기를 바라는 마음이 깔려 있습니다. 상대에게 바라는 나의 생각은 말로 전하지 않았으면서 마음은 벌써부터 삐딱선을 탑니다. '이 정도는 해 줘야지. 남들은 다 하는 거 아니야?' 이래야 한다는 생각, 저래야 한다는 생각이 이미 선을 그어 놓았습니다. 그렇습니다. 언제나 '이 정도 해야 한다'는 생각, 바로 그것이 문제입니다. 게다가 남편과의 대화 중에 "불교 공부를 한다는 사람이 말이야…." 이 말까지 나오면, "나만한 사람이 어디 있다고 그래!" 빗장 걸린 마음의 뚜껑이 열리고 맙니다.

　부모와 자식, 남편과 아내만큼 상처 주기 쉬운 관계도 없습니다. 밖에서 겪는 괴로움을 가족이라는 울타리 안에서 치유 받기를 원하지만, 원하는 바가 있기 때문에 그것을 얻지 못하면 화가 납니다. 타인에게는 그러한 기대가 없습니다. 원하는 것을 얻지 못한다고 해서 화를 내지 않습니다. 애초부터 원하는 바가 없기 때문입니다. 가족 가운데 누군가에게 화나는 일이 있다면 내 마음이 무엇을 원했던 것인지를 먼저 살펴보아야 합니다.

가족이어서 정말 사랑하는 마음으로 한 말이 비수처럼 꽂히는 일이 있습니다. 타인이라면 절대 하지 않았을 충고의 말이 오히려 깊은 상처를 내는 것이지요. 남들로부터는 아무리 들어도 상처 입지 않았을 말들이 부모와 자식, 형제와 자매라는 이름으로 더 큰 상처를 주게 됩니다. 가족이라는 이름으로 너무 밀착되어 있는 까닭입니다. 내 생각처럼 움직이지 않는 것을 이해하기 어렵습니다. 거기에는 '내가 옳다'고 여기는 생각이 강력하게 작용합니다. 상대방의 입장보다 '나'의 생각이 먼저이고, '내가 옳다'는 확신으로 가득 차 있으니, 어떤 상처를 주게 되는지 알지 못합니다. 가까운 관계일수록 '아상'의 문제가 정말 큰 올가미가 될 수 있다는 점을 잊지 말아야 합니다.

사회생활에서도 '나'라는 관념이 흔히 문제를 일으킵니다. 교우 관계나 선후배 사이가 원만할 때는 공부도 재밌고 직장 일도 재밌고 사는 맛이 납니다. 만족스러운 생활에 자신과 타인에 대한 긍정적 사유가 가능합니다. 그런데 그 관계가 틀어지기 시작하면, 공부도 싫고 직장 일도 싫고, 부정적인 생각에 지배당하게 됩니다. 상대방에게 화를 내거나 나 자신에게 화를 내는 일에 모든 에너지

를 소모합니다. 누군가로 인해 내 마음의 평온이 깨지고
맙니다.

　　화를 내는 마음은 누군가로부터 시작되었지만, 그 근
본에는 '나'라고 하는 아상이 자리 잡고 있습니다. 누군가
화나게 만들어도 무시하고 지나가면 그뿐입니다. 대체로
우리는 모든 문제의 원인을 바깥으로 돌리고 남의 탓을
하는 데 익숙합니다. 정작 화를 내고 있는 것은 나 자신인
것도 모르고 말입니다.

　　'내 잘못도 있어.'라고 인정할 때, 화를 내는 사람은
거의 없습니다. '그 사람은 그럴 수밖에 없는 상황이구나.'
라고 이해한다면 화낼 이유도 사라집니다. 알면 화가 나
지 않습니다. 모르기 때문에 화가 나는 것이지요. 타인에
게 화를 내기 전에 내가 그의 상황을 제대로 알고 있는지
한 템포 쉬어가야 합니다.

　　그래도 화가 난다면, 세상을 살다가 누군가에게 비난
을 듣거나 상처를 받는 일은 누구나 겪는 일이라고 생각
하는 것이 좋습니다. 외부로부터 날아든 화살입니다. 그
화살이 어디서 왔는지 따져 물을 필요는 없습니다. 그로
인해 아프다, 슬프다고 느끼는 생각은 나의 마음이 빚어

놓은 것이니까요.

여기에다 '저 사람은 원래 맘에 안 들었어.'라고 생각하며 그와의 모든 기억을 소환하거나, '나는 맨날 왜 이럴까?'라는 자책으로 나의 과거를 헤집고 나선다면, 아무런 상관도 없는 두 번째 화살을 쏘는 일이 됩니다. 멈추지 않고 세 번째, 네 번째 화살을 마구 쏘아대면 괴로움은 더욱 뚜렷해지고 절대로 잊지 못할 일이 됩니다. 아픔이라는 나의 생각에 묶여서 지옥 같은 괴로움의 시간을 보낼 수밖에 없습니다.

기쁨과 슬픔이라는 인간의 감정과 생각은 꿈 같고, 이슬 같고, 환영과 같습니다. 생겨난 것이기에 사라지기 마련입니다. 그것이 실제로 있다고 믿으면서 언제까지 변하지 않으리라는 생각이 괴로움을 부릅니다. 벌어진 사건에 대해서는 '이런 일이 벌어졌군.'이라고 생각하고 끝내는 것이 좋습니다. 시간이 지나면 흘러가게 되어 있습니다. '어떻게 내게 이런 일이', '내가 너에게 어떻게 했는데'라며 '나'를 개입시키는 순간, 제 발로 괴로움의 수렁에 빠지고 맙니다. 생겨남과 사라짐을 다만 지켜보는 것만으로 괴로움의 사슬에서 풀려날 수 있습니다. 누구에게나 일어날 수 있는 일이며, 언젠가는 사라지게 될 일이라고 생각하는 제3의 관찰자 시점을 갖는 것이 필요합니다.

차별과 경계 짓기의 허상

지난해 한 드라마에서 '스펙트럼'이라는 단어가 새로운 느낌으로 다가왔습니다. 똑바로 읽어도 우영우, 거꾸로 읽어도 우영우, 〈이상한 변호사 우영우〉 이야기입니다.

천재성을 지닌 이 변호사는 '자폐 스펙트럼 장애(Autism Spectrum Disorder)'를 지니고 있습니다. 회차를 거듭하며 드라마에서는 레즈비언, 탈북자, 중증 자폐인, 지적 장애인, 해고 노동자들이 겪는 차별의 문제를 흥미롭게 다뤘습니다. 사랑스러운 캐릭터로 극화되다 보니 우리 사회 자폐인의 현실을 제대로 반영하고 있는지에 관한 비판도 있었지만, 소외된 이들의 아픈 현실을 이슈화하고 있다는 점에서 우리 사회에 던지는 의미가 적지 않았습니다.

주인공이 앓고 있는 '자폐 스펙트럼 장애'라는 이름을 통해 자폐증이 그 정도와 특성에 따라 다양하게 나뉜다는 것을 처음 알게 되었습니다. 무지개색의 스펙트럼만큼이나 다양해서 하나의 병명으로 진단할 수 없다고 합니다.

빨·주·노·초·파·남·보, 일곱 가지 색깔의 무지개. 하늘에서 아름답게 빛나는 무지개는 대기 중의 물방울에 태양 광선이 굴절·반사·분산되면서 나타나는 자연 현상입니다. 실제로 무지개의 형태를 띠고서 하늘에 걸려 있는 것이 아니지요. 손을 뻗어 잡는다고 해도 잡을 수가 없습니다. 실체가 없기 때문입니다. 빛의 산란으로 그처럼 보이는 것뿐입니다. 무지개가 실재한다고 생각하고, 언제까지 떠 있을 것이라고 믿는다면 오산입니다. 얼마 지나지 않아 곧 사라지고 없으니까요.

　　무지개는 연속적인 스펙트럼을 가지고 있어 실제로는 빨·주·노·초·파·남·보, 일곱 가지 색깔로 구분되지 않는다고 합니다. 아무런 경계도 없지만 사람 눈에 그처럼 보이는 것입니다. 무지개를 그리라고 하면 어른 아이 할 것 없이 누구나 일곱 가지 색깔로 색칠을 합니다. 연속하는 빛의 흐름에 사실 그와 같은 구분은 없는데도 말입니다. 무지개라는 이름으로 부르고, 일곱 가지 색깔의 이름으로 경계 지은 것입니다. 우리의 생각이 연속하는 세계를 단절적인 것으로 구분해 놓았습니다.

　　언어의 본질은 구분하고 명명하는 것에 있습니다. 언

어는 이 세계를 표현하는 훌륭한 도구이지만, 연속하는 세계를 있는 그대로 재현하지 못합니다. 보이는 대로 경계 짓고, 이름으로 구분하는 인간의 사유를 반영하는 것입니다.

이 세상에는 수많은 사람이 살아가고 있습니다. 그들을 정상과 비정상으로 가르는 기준은 실제로 어디에 있는 것일까요? 우리의 생각과 관념이 나누고 구분한 것은 아닌지요. 설사 그 특징과 모습에 다름이 있다 하더라도 함께 사는 방법을 고민할 필요가 있지 않을까요?

2021년 12월부터 시작된 장애인 지하철 시위는 장애인들의 이동권을 요구하며 출퇴근길 지하철 운행을 막는 것으로 사회적 관심과 제도 개선을 촉구하였습니다. 이로 인해 시민들이 겪는 불편이 적지 않았지요. 학교나 직장에 지각하고, 어떤 학생은 시험을 제때 치르지 못해 발을 동동댑니다. 장애인의 고통에 공감하고, 그들의 요구에 연대감을 표시하는 시민도 있지만, 불만을 표시하고 욕설하는 시민도 있습니다. 그건 그들의 문제이고, 나에게는 피해 주지 말라는 태도. 약자들의 목소리에 귀를 기울이는 마음은 나의 불편함 앞에서 어디론가 사라져 버립니다.

　청년층이든 노년층이든 내 삶을 지탱하기에도 버거운 세상을 살아가고 있습니다. 공부를 열심히 하면 취업이 잘 되고 직장을 성실히 다니면 집을 마련할 수 있는 세상이 아닙니다. 따라서 나 자신의 성공, 욕망의 추구에 매달려 주변에서 어떤 일이 벌어지고 있는지 돌아볼 겨를이 없습니다. 나에게 피해가 되는 일을 참을 수가 없는 것입니다.

　개인의 사회 경제적 지위가 불안해질수록, 자신의 삶을 원하는 대로 통제할 수 없다는 좌절감과 무력감은 타자에 대한 분노와 혐오로 향합니다. 화나 분노와 같은 단어는 이전부터 쓰였지만, 증오·혐오와 같은 극단적인 색채의 단어가 지상에 자주 오르내리는 것은 최근 몇 년 사이의 일입니다. 혐오의 감정은 빠르게 우리 사회를 지배하고 있습니다. 자신과 타인을 경계 지어야 나의 영역이 확보될 수 있고, 그래야 내가 살 수 있다는 생각이 팽배합니다.

　혐오의 표현은 인종·종교·성적 지향 등으로 구분되는 특정 집단을 위협하거나 공격하는 행위를 말합니다.

특정 집단에 대한 부정적인 시각을 사회적 관념으로 고착시키고 정치적으로 세력화한다는 것에 문제의 심각성이 있습니다. 자기보다 약한 사람에게 책임을 전가함으로써 타자들을 공격하고 위험한 존재로 낙인찍는 행태는 국내뿐만 아니라 세계적인 현상으로 보입니다.

외국인 노동자에 대한 혐오 문제가 그중 하나입니다. 병원에서 공장에서 이주자들 없이는 사회가 돌아가지 않을 정도가 되었습니다만, 그들에 대한 차별과 멸시의 시선은 좀처럼 달라지지 않습니다. 성 소수자의 성적 지향에 대해서도 다름을 인정하기보다는 노골적인 혐오의 발언을 서슴지 않습니다.

우리가 겪는 사회·경제적 위기를 소수의 타자에 대한 공격으로 해결할 수는 없습니다. 제도적인 해결을 모색하는 일에서 그 답을 찾아야 합니다. 사회적 약자들에 대한 차별과 혐오는 우리 시대가 빚은 또 하나의 허상입니다. '나'와 '남'을 구분 짓는 집단적인 자기중심적 사고의 결과물인 것이지요. 모습과 특징이 다를 수 있지만, 본질적으로는 다를 것이 없습니다. 모두 이 세상을 살아가는 똑같은 존재들입니다.

나의 성공, 나의 행복 추구가 지상 명령이 된 사회에서 개인이 얻게 될 이로움을 말하지 않으면 누구도 좀처럼 설득당하려 들지 않습니다. 성공한 사람은 자신의 성공이 본인의 능력 때문이라며 특권을 누릴 자격이 있다고 여기고, 패자의 고통을 능력이 부족한 탓이니 당연하다고 여깁니다. 그들의 고통에 공감하려는 마음을 내지 않습니다. 승자 독식의 세계를 자연스럽게 내면화하고 있습니다.

그러나 타인의 고통은 얼마든지 나에게 일어날 수 있습니다. 고통을 겪는 이에 대한 공감은 내가 고통을 겪는 것을 원치 않듯이 다른 이도 그러하다는 것을 받아들이는 일입니다. 단순히 좋은 일, 착한 일이어서 해야 하는 것이 아닙니다. 타인에게 공감하고 그들을 위하는 일은 윤리적·종교적 차원이 아니라, 나를 포함하여 모두에게 이로운 선택이기 때문입니다. 나의 욕망과 행복을 추구하는 일이 단기적으로 자신에게 이로울 수 있지만 계속 유지되기는 어렵습니다. 지나친 이기심은 남도 해치고, 자신도 해치는 것입니다. 자신의 이로움은 타인과의 관계 속에서 공동체 전체의 이로움과 함께할 때 지속 가능합니다. 나에게도 이롭고 타인에게도 이로워야 합니다. 자기중심적인 생각과 관념을 벗어나는 일은 우리 사회 모두의 행복을 위해 중요한 화두로 떠오르고 있습니다.

인문학 독자를 위한

금강경

© 김성옥, 2023

2023년 7월 3일 초판 1쇄 발행

지은이 김성옥
발행인 박상근(至弘) • 편집인 류지호 • 상무이사 김상기 • 편집이사 양동민
책임편집 하다해 • 편집 김재호, 양민호, 김소영, 최호승 • 디자인 쿠담디자인
제작 김명환 • 마케팅 김대현, 이선호 • 관리 윤정안 • 콘텐츠국 유권준, 정승채
펴낸 곳 불광출판사 (03169) 서울시 종로구 사직로10길 17 인왕빌딩 301호
　　　　대표전화 02) 420-3200 편집부 02) 420-3300 팩시밀리 02) 420-3400
　　　　출판등록 제300-2009-130호(1979. 10. 10.)

ISBN 979-11-92997-43-8 (04150) 세트
ISBN 979-11-92997-44-5 (04150)

값 16,000원

잘못된 책은 구입하신 서점에서 바꾸어 드립니다.
독자의 의견을 기다립니다. www.bulkwang.co.kr
불광출판사는 (주)불광미디어의 단행본 브랜드입니다.